JN213189
KOR

アスリートでたどる
ジャパンスポーツ
JAPAN SPORTS
野球
監修・佐野慎輔

2

アスリートでたどる ジャパンスポーツ 野球

もくじ

略語・略称解説

MLB　→メジャーリーグベースボール
「メジャーリーグ」「大リーグ」ともよばれる。アメリカとカナダの30チームで構成された世界最高峰のプロ野球リーグ。

MVP　→最優秀選手
一定の期間や大会を通してもっとも優秀な成績を残した選手にあたえられる賞。シーズンのMVPのほかに、1か月、1週間などの期間をきめた「月間MVP」や「週間MVP」などが設けられることもある。

NPB　→日本野球機構
セ・リーグ、パ・リーグからなる日本のプロ野球リーグや、それを主催する団体のこと。

WBC
→ワールド・ベースボール・クラシック
MLBとMLB選手会が主催する、野球の世界一をきめる国別の対抗戦。

ア・リーグ　→アメリカン・リーグ
MLBのリーグのひとつ。東地区、中地区、西地区の計15チームで優勝を争う。

セ・リーグ　→セントラル・リーグ
NPBのリーグのひとつ。巨人、東京ヤクルト、横浜DeNA、中日、阪神、広島の6チームで優勝を争う。

ナ・リーグ　→ナショナル・リーグ
MLBのリーグのひとつ。東地区、中地区、西地区の計15チームで優勝を争う。

パ・リーグ　→パシフィック・リーグ
NPBのリーグのひとつ。北海道日本ハム、東北楽天、千葉ロッテ、埼玉西武、オリックス、福岡ソフトバンクの6チームで優勝を争う。

用語解説

永久欠番
そのチームで、この先ずっとだれもつけることができない背番号。チームで大きな功績を残した選手の背番号が、引退後に永久欠番になることが多い。

Aクラス
NPBで各リーグ6チーム中、上位の3チームのこと。下位3チームはBクラス。

クローザー
リードした場面で登板し、試合の最後をしめくくる投手。「おさえ」「守護神」などとよばれる。

敬遠
わざとボール球を投げて、打者にフォアボールをあたえること。強打者が相手のときやピンチの場面で見られる作戦のひとつ。

ゴールドグラブ賞
MLBでポジションごとに守備の優秀な選手にあたえられる賞。NPBでは、「ゴールデン・グラブ賞」が、それにあたる。

三冠王
首位打者、本塁打王、打点王をすべて同時に獲得すること。

自責点
その投手の責任となる失点のこと。

首位打者
いちばん高い打率を記録した打者。打率とは、打席数に対するヒット数の割合。10打席で3本ヒットを打つと打率3割となる。

セーブ
クローザーが試合終了までリードを守りきること。

セットアッパー
先発とクローザーのあいだをつなぐ投手。「中継ぎ」とよばれる。

先発ローテーション
先発投手を順番に起用すること。各球団は先発投手を数人用意し、試合ごとに順番に起用する。

ドラフト会議
日本野球機構がおこなう新人選手獲得のための会議。各球団が選手を指名して、指名がかさなったときにはくじ引きで交渉する権利をきめる。

日本シリーズ
セ・パそれぞれのリーグのプレーオフ（クライマックスシリーズ）を勝ちぬいたチーム同士が日本一をかけて争う試合。先に4勝したほうが日本一となる。

ノーヒットノーラン
1人のピッチャーが1本もヒットを打たれずに、完封勝利すること。エラーや四死球などもなく、1人のランナーも出さないと完全試合になる。

ベストナイン賞
セ・パそれぞれのリーグで、ポジションごとにシーズンで活躍した選手におくられる賞。投手、捕手、一塁手、二塁手、三塁手、遊撃手、外野手、指名打者（パ・リーグのみ）について、記者投票によって1名ずつ（外野手はポジションに関係なく3名）選ばれる。

防御率
そのピッチャーが9回あたりに自責点を何点あたえたかをあらわす指数。

ホールド
リリーフ投手がリードしたまま、あるいは同点のまま失点せずに降板すること。

ポストシーズン
NPBでは、セ・リーグ、パ・リーグのそれぞれ上位3チームが日本シリーズ出場をかけてクライマックスシリーズを戦い、勝ちぬいたチーム同士が日本シリーズで日本一をきめること。MLBではレギュラーシーズンの各地区の優勝チーム（3チーム）とそれ以外の勝率上位3チームが戦い、ア・リーグとナ・リーグの優勝チームをきめ、その2チームでワールドシリーズを戦ってナンバー1をきめること。「プレーオフ」ともいう。

野球殿堂
野球殿堂（日本）は、日本の野球の発展に大きく貢献した人びとの功績を永久にたたえるために1959年に創設された。東京ドーム内の野球殿堂博物館にある。アメリカでは日本より20年早い1939年に野球殿堂が創設されている。

リリーフ
先発投手にかわり登板すること、あるいはその投手。「救援」ともいう。

ルーキー
新人選手のこと。

ルーキーイヤー
入団して1年目のシーズンのこと。

レギュラーシーズン
NPB12球団が、セ・リーグ、パ・リーグにわかれて、毎年春から秋ごろまでリーグ戦をおこなうこと。MLBの場合は30球団がア・リーグとナ・リーグにわかれ、さらにそのなかで西地区、中地区、東地区にわかれて、リーグ戦をおこなう。

ワールドシリーズ
MLBの優勝決定戦。ア・リーグとナ・リーグの優勝したチーム同士が戦い、「世界一」をきめる。

日本プロ野球のはじまり

1930年代ごろ～

1934年日米野球のポスター。大きく描かれているのはベーブ・ルース。

日本にプロ野球チームが結成される

1929年、読売新聞社社長の正力松太郎は、アメリカのメジャーリーグで圧倒的な人気をほこっていたベーブ・ルースを日本へよぼうと交渉をはじめた。その結果、ベーブ・ルースの来日はかなわなかったが、当時、連続試合出場記録をのばしていた「鉄人」ルー・ゲーリッグをはじめ有力選手が多く来日することになった。

1931年の秋、日米野球決戦がおこなわれた。日本は東京六大学の大学チームや、大学生を中心とした選抜チームで対戦。試合結果はアメリカ選抜が17戦全勝。日本は1勝もできなかった。それでも試合はたいへんな盛りあがりを見せ、どの球場も満員になった。

そこで、正力はふたたび日米野球決戦をおこなおうと考える。今度こそベーブ・ルースにきてもらおうとしたのだ。しかしそのころ、日本では学生野球の商業化（ビジネスにして利益を上げること）が問題になり、当時の文部省（現在の文部科学省）が野球統制令を発令。大学チームとプロチームとの試合が禁止された。そこで正力は職業野球団（プロ野球チーム）を結成することにした。三原脩、水原茂、沢村栄治、ヴィクトル・スタルヒンなど、当時の最強メンバーがそろった。アメリカ選抜も、ベーブ・ルース、ルー・ゲーリッグなど、トップ選手がそろい、試合は1934年の秋におこなわれた。結果は、またしてもアメリカ選抜が16戦全勝。しかし、静岡の草薙球場でおこなわれた試合では、沢村が大活躍した。試合は０－１でやぶれたものの、沢村は８回５安打１失点、９奪三振の好投を見せ、アメリカ選抜の監督やベーブ・ルースたちに絶賛された。このときの日本選抜チーム「大日本東京野球倶楽部」が母体となって現在の読売ジャイアンツが誕生する。

日本国内の野球人気はますます高まりを見せ、1936年には、東京巨人軍、大阪タイガースなどの７球団によって、日本職業野球連盟が創立され、プロ野球のリーグ戦がスタートした。

沢村栄治

日本は第二次世界大戦で多くの野球選手を失った。なかでも沢村栄治という逸材を失ったことは野球界にとって大きな打撃だった。ベーブ・ルースを三振にとってメジャーリーグからさそわれ、国内では巨人初のエースとして3度のノーヒットノーラン達成に初の20勝、初のMVPに輝いた天才投手。巨人は1947年、沢村の功績をたたえて背番号14を永久欠番にした、これは日本のプロ野球史上初の永久欠番である。さらに「沢村栄治賞」を創設し、その年のプロ野球で優秀な成績をおさめた先発投手におくることになった。

国民が注目した天覧試合

第二次世界大戦のために1944年11月にプロ野球は休止。1945年に戦争が終わると、敗戦で暗くなっていた国民はプロ野球の復活を願うようになる。その年の11月、プロ野球は東京の神宮球場で東西対抗を実施。翌年、リーグ戦が復活した。のちに巨人の監督になる川上哲治をはじめ人気の選手が登場し、球場には多くのファンが殺到するようになる。さまざまな企業もプロ野球に参入しようとしたため、読売新聞の正力は、メジャーリーグを参考にして2リーグ制を提案。1リーグ制か2リーグ制か、球団の数はいくつかなど、はげしい議論やかけひきがおこなわれたが、最後は「セントラル・リーグ」と「パシフィック・リーグ」の2リーグ制に落ちついた。1950年にスタートした2リーグ制は現在も続いている。

野球の人気に火をつけたのは、1959年6月25日の「天覧試合（天皇が観戦する試合）」巨人・阪神戦だった。4－4でむかえた9回裏、バッターボックスには長嶋茂雄。阪神のエース村山実が投げた球を長嶋がとらえ、ボールはレフトスタンドのポール際に飛びこんだ。劇的なサヨナラホームラン。ここから日本のプロ野球は一気に国民的スポーツになった。

テレビとともに野球の人気が爆発

1964年東京オリンピックにかけて、各家庭にはテレビが普及していく。日本テレビ系列でほぼ毎回巨人戦を放送し、東京を中心に巨人ファンがみるみるふえていった。1961年に川上哲治が巨人の監督に就任すると、長嶋茂雄、王貞治という2人のスターをはじめ、名選手をそろえた巨人は、圧倒的な強さをほこるようになる。1965年にリーグ優勝すると、日本シリーズでも勝利する。そして、その年から1973年までの9年間、日本一の座を守りぬいたのである。この時期は大人も子どもも野球に熱狂した。巨人の地元・東京では、公園や路上でキャッチボールをする子どもたちのほとんどがジャイアンツの野球帽をかぶり、「ぼくは長嶋！」「それじゃ、おれは王だ！」などといいながらボールを投げていた。

1956年の白黒テレビ。当時のテレビは小さかった。

そのころ、子どもの好きなものといえば「巨人・大鵬（当時大人気だった大相撲の横綱）・卵焼き」といわれたが、それほど巨人は輝いていた。

日本プロ野球史上唯一の通算400勝をあげた大投手

金田正一

長身から投げおろす速球と大きなカーブを武器に、いまだやぶられていない400もの勝ち星を積みかさねた。国鉄スワローズ（現在のヤクルト）では早くから大黒柱として活躍し、球界に君臨する大投手になった。1965年からは読売ジャイアンツに移籍。通算400勝、4490奪三振、14年連続20勝以上などの前人未踏の大記録をいくつも樹立した。

長嶋や王の壁となる

国鉄に入団した金田正一は、初年度から30試合に登板し８勝をマーク。翌1951年シーズンには早くも22勝をあげ、ノーヒットノーランも記録した。のびのあるストレートと大きくするどい縦のカーブを武器に、ここから14年連続で20勝以上の勝ち星を積みあげた。

1957年には完全試合を達成し、初の最多勝のタイトルも手にした。1958年４月５日、巨人との開幕戦、大型新人の長嶋茂雄と初対戦。「プロのきびしさを教えてやる」と４打席４三振にしとめ、貫禄を見せつけた。この年、金田は自己最多の31勝をあげ、２度目の最多勝のタイトルを手にした。王貞治もじつは公式戦デビューの相手は金田で、結果は３打席２三振１四球だった。

通算400勝をはじめ多くの大記録

1965年、巨人に移籍。「ON（王と長嶋）をバックに投げてみたい」という願望があった。選手としてのピークはすぎていたが、５年間で47勝。通算400勝の大記録を打ちたて、1969年11月30日に引退した。

通算成績は944試合に登板して、400勝298敗。奪三振は4490。通算防御率は2.34。タイトルは最多勝３回、最優秀防御率３回。最多奪三振は10回。沢村賞の受賞は３回。ほかに最多連続イニング無失点（64回３分の１）、最多完投365回、最多投球回数（5526回３分の２）など多数の日本記録を残した。

1973年からロッテ・オリオンズ（現在のマリーンズ）の監督をつとめる。当時、セ・リーグにくらべて注目度が低かったパ・リーグを盛りあげようと、コーチャーズボックスに立って「カネやんダンス」とよばれる派手なパフォーマンスもした。そして1974年には、リーグ優勝と日本一もなしとげている。

金田正一

1933	愛知県に生まれる
1950	17歳で高校を中退して国鉄に入団
1951	この年から14年連続で20勝以上をあげ、球界の大エースとして君臨する
1957	８月、完全試合を達成
1958	４月、長嶋茂雄との初対決で４打席４三振。この年、自己最高の31勝をあげる
1965	巨人に移籍
1969	11月、400勝を花道に36歳で現役引退
1973	ロッテの監督に就任
1974	リーグ優勝と日本一をなしとげる
1978	監督退任
1990	ふたたびロッテの監督に就任し、第二次金田監督時代となるが、翌1991年をもって退任

1969年10月、通算400勝を達成した（左）。

カネやんダンスをおどるロッテの金田監督。

異例の永久欠番「34」

金田の背番号は、国鉄でも巨人でも「34」だった。1969年11月30日に引退したが、翌1970年4月2日に「34」は巨人の永久欠番に指定された。永久欠番は、長年にわたってチームに貢献してきた選手の功績をたたえての意味が強い。そのため、移籍選手の背番号は永久欠番にならないことが多い。しかし巨人にいた期間は5年にもかかわらず、「34」は巨人での永久欠番になった。353勝をあげた国鉄（ヤクルト）では、背番号34は永久欠番になっていない。

ちなみに巨人では、王貞治の「1」、長嶋茂雄の「3」、金田の「34」など６つの背番号が永久欠番に指定されている。

豆知識 **左投げの完全試合**：「完全試合」とは、先発投手が無安打、無四死球、無失策で相手チームの打者を一度も出塁させずに完投して勝利する試合をさす（→53ページ）。2024年現在、日本のプロ野球の歴史で完全試合を達成した投手は16人だが、左投げは金田ただ１人である。

プロ野球人気を不動にしたスーパースター

長嶋茂雄

野球をあまり知らない子どもたちをも熱狂させた「ミスタープロ野球」。17年間の現役生活で、新人王をはじめ、首位打者6回、本塁打王2回、打点王5回、MVP 5回などの輝かしい成績を残した。打席に立てば渾身のフルスイング、守ればむずかしいゴロを大きなアクションで捕球し、華麗なフォームで送球した。つねに観客をよろこばせるダイナミックなプレーとその勝負強さは、プロ野球ファンをふやすとともに、国内の野球の競技人口を大きくふやした。限りなく多くのファンに愛されたレジェンド中のレジェンドだ。

4連続三振〜天覧試合でホームラン

1958年、黄金ルーキーとしてはなばなしく読売ジャイアンツに入団した長嶋茂雄。しかし、開幕戦でなんと4打席連続三振に終わった。だが5日後に初ホームラン、8月からは4番バッターになり、その年、長嶋は本塁打王、打点王の2つのタイトルを獲得して新人王に輝いた。

翌1959年6月25日、後楽園球場（現在の東京ドーム）での伝統の巨人・阪神戦は、天皇・皇后両陛下をお迎えしての天覧試合となった。シーソーゲームとなった9回裏、4－4のマウンドには阪神タイガースのエース村山実。先頭打者の長嶋が放った打球はレフトスタンドのポール際に飛びこんだ。劇的なサヨナラホームランで、長嶋茂雄の名が日本国中に知れわたった。その後、1965年から1973年にかけ、9年連続で日本シリーズを制覇し、巨人の黄金期であるV9時代の原動力となった。

プロ野球初の天覧試合でサヨナラホームラン。

ライバル・村山実

全身を使って苦しそうな格好で投げる姿が当時のチェコスロバキアのマラソン選手・ザトペックの姿に似ていたところから「ザトペック投法」とよばれた。すぐれた先発完投型投手におくられる沢村栄治賞を3度も受賞している。二代目ミスタータイガース（初代は藤村富美男）として阪神ファンに親しまれた。

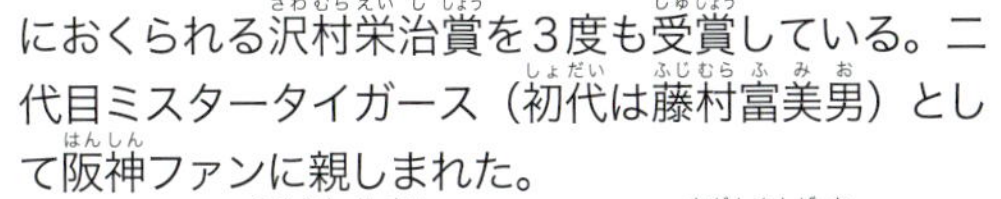

1959年の天覧試合で、ライバル長嶋茂雄にサヨナラ本塁打をあびたが、村山は「あれは絶対にファウルボールや」といいつづけた。

長嶋茂雄

1936	千葉県に生まれる
1958	立教大学から巨人に入団
1959	天覧試合の阪神戦で村山実からサヨナラホームラン
1963	一本足打法の王貞治とともにON砲というよび名が定着
1965	1973年にかけて9年連続日本一（V9）をはたす
1974	現役を引退し、巨人の監督に就任
1980	監督を辞任
1993	監督にふたたび就任
2000	監督として日本一に輝く
2001	監督を勇退し終身名誉監督となる
2013	松井秀喜とともに国民栄誉賞を受賞
2021	プロ野球界初となる文化勲章を受章

記録と記憶をたくさん残して引退

1971年に2000安打、1972年には400本塁打、1973年には2000試合出場、1974年には1500打点を記録。「ミスタープロ野球」の名をほしいままにした。そして派手なフットワークでサードゴロを処理する華麗なパフォーマンスをはじめ、野球の楽しさを思う存分に披露してたくさんの人の心をつかんだ長嶋は、1974年、「わが巨人軍は永久に不滅です」の名言を残して現役を引退。多くの長嶋ファンが涙を流した。

直後に川上哲治監督の後を引きつぎ、新しい背番号90をつけ、巨人の監督に就任。翌年にはリーグ優勝をはたした。

その後、監督を退任したが、1992年10月に復帰。ドラフトで松井秀喜を引きあてる。

2000年の日本シリーズでは王貞治監督の福岡ダイエーホークス（現在のソフトバンク）と対決して日本一に輝いた。

後楽園球場（現在の東京ドーム）でおこなわれた長嶋引退セレモニー。

長嶋語録：長嶋が発するユニークな言葉・名文句。口ぐせのような「いわゆる・ひとつの」から、「『鯖』は『魚へんにブルー』」「失敗は成功のマザー」、「松井くんにはもっとオーロラを出してほしい」や、「うーん、この試合は1点でも多く取った方が勝ちでしょう」などという楽しいものもあった。

世界から賞賛を集めるホームラン王

王 貞治

868本の本塁打世界記録保持者で、日本がほこる世界のホームラン王。一本足打法のホームラン打者として読売ジャイアンツのV9（9年連続日本一）に貢献。長嶋茂雄とともに巨人の黄金時代を築いた。1964年のシーズン55本塁打は、2022年に村上宗隆にやぶられるまでシーズン最多の日本記録。ほかに1試合4本塁打、本塁打王15回、打点王13回、首位打者5回、2年連続三冠王、MVP9回、ベストナイン18回など、プロ野球記録を多くもつ偉大な打者。世界中の野球選手たちから尊敬される伝説のスラッガーだ。

世界一となる756号ホームランを打った直後。

一本足打法で、巨人の主力へ

1959年、投打の才能を買われて読売ジャイアンツに入団した王貞治だったが、水原茂監督のすすめで打者に専念。一本足打法のデビューは1962年7月1日のことだった。第2打席でいきなりホームラン。このシーズン、王は本塁打王と打点王に輝き、ここから13年連続で本塁打王のタイトルを独占しつづける。片足で立ったまま姿勢を長く保つ美しい一本足打法は、鳥にたとえて「フラミンゴ打法」ともよばれた。

王と長嶋茂雄との3番・4番はほかのチームからおそれられた。この2人の活躍で1963年、巨人はリーグ優勝から日本一になる。

王貞治

1940	東京都に生まれる
1957	早稲田実業学校（東京都）で春の甲子園優勝
1959	巨人に入団
1964	シーズン最多となる55本塁打を記録
1973	翌1974年にかけて2年連続三冠王
1977	ハンク・アーロンを抜く通算756本塁打の世界記録を達成。第1回国民栄誉賞を受賞
1980	通算本塁打868本の世界記録を残し現役引退
1984	巨人の監督に就任（1988年まで）
1995	ダイエーの監督に就任（2008年まで）
2006	第1回WBC日本代表の監督をつとめる。決勝でキューバをやぶりWBC初代チャンピオン

世界のホームラン王へ

1973年と1974年は連続で三冠王に。その後もホームランを量産しつづけた王は、1977年9月3日、ハンク・アーロン（アメリカ）の世界記録755号を抜く通算756号を記録して、ついに世界の本塁打王となる。同年、創設されたばかりの国民栄誉賞にも輝いた。1980年に現役引退するまで、王の通算本塁打数は868本にのぼった。首位打者5回、本塁打王15回、打点王13回、三冠王2回、MVP9回と名実ともに圧倒的な記録を残す偉大な大打者であった。

1980年11月4日、現役引退を発表。1984年に巨人の監督に就任した。1995年には福岡ダイエーホークス（現在のソフトバンク）の監督に就任し、1999年、2003年には日本一。2006年第1回WBCでも監督をつとめ、日本代表チームを優勝に導いた。

ON砲

巨人の黄金時代を築いた長嶋と王のコンビの愛称はON。2人が原動力となってチームが優勝した1963年ころから、新聞に「ON砲」と書かれるようになった。通常は3番王、4番長嶋で、打順が入れかわったときに「NO砲」というよび方も提案されたが、「ノー」をイメージされるからやめたという話もある。同世代と見られがちの2人だが、実際は5学年の差があった。おたがいに「ワンちゃん」「チョーさん」とよびあっていたが、王は長嶋のことを「ミスター」とよぶこともあったという。「ON砲」は長嶋が引退する1974年まで続いた。

巨人のV9を支えた王（左）と長嶋。

国民栄誉賞：1977年、当時の福田赳夫首相が王の本塁打世界記録達成をたたえるためにもうけたのがはじまりで、「広く国民に敬愛され、社会に明るい希望をあたえることに顕著な業績があった」人におくられる。野球界ではほかに、衣笠祥雄、長嶋茂雄、松井秀喜が受賞している。

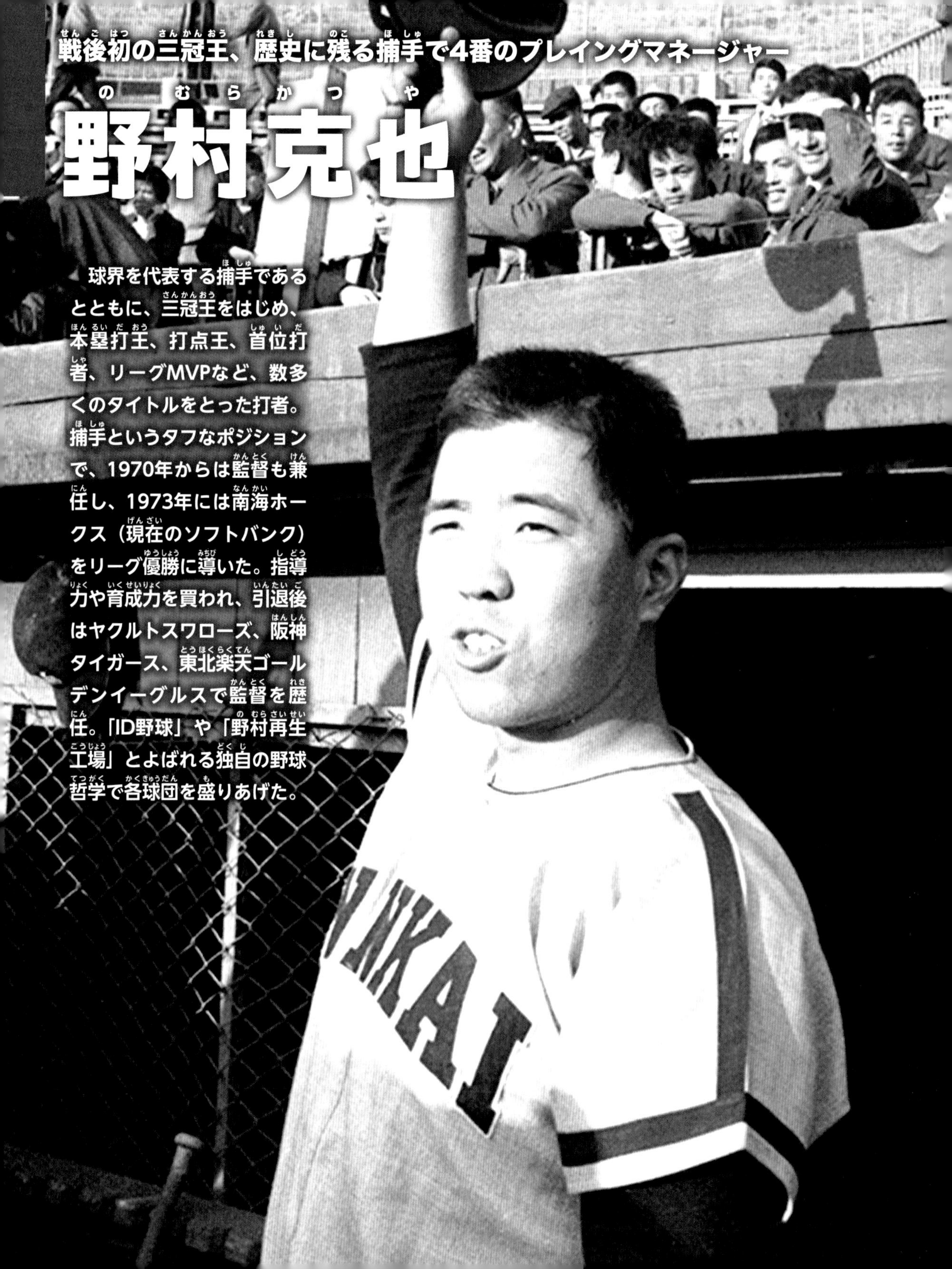

戦後初の三冠王、歴史に残る捕手で4番のプレイングマネージャー

野村克也

球界を代表する捕手であるとともに、三冠王をはじめ、本塁打王、打点王、首位打者、リーグMVPなど、数多くのタイトルをとった打者。捕手というタフなポジションで、1970年からは監督も兼任し、1973年には南海ホークス（現在のソフトバンク）をリーグ優勝に導いた。指導力や育成力を買われ、引退後はヤクルトスワローズ、阪神タイガース、東北楽天ゴールデンイーグルスで監督を歴任。「ID野球」や「野村再生工場」とよばれる独自の野球哲学で各球団を盛りあげた。

1960年のオールスター戦で、巨人・長嶋を本塁でタッチアウトにする。

世界でもめずらしい捕手の三冠王

1954年、テストを受けて南海に入団した野村は、1957年には本塁打王のタイトルを獲得。南海の黄金時代に貢献する存在になった。1961年にはMVPを受賞し、この年から8年連続本塁打王など、打撃タイトルを多く獲得する。1965年には戦後初、パ・リーグ初の三冠王に輝いた。捕手の三冠王は、日本でもメジャーリーグでも前例のないことだった。

1970年からは選手と監督を兼任するプレイングマネージャーになった。4番打者、捕手、監督という重責をにない、捕手の重要性を高めた。1973年には7年ぶりのリーグ優勝。捕手・野村は1966年以来5度目のパ・リーグMVPに選ばれた。

「月見草」と「ぼやきのノムさん」

1975年5月22日、野村は通算600号ホームランを達成した。このときに「長嶋（茂雄）や王（貞治）がヒマワリならオレは夜咲く月見草」という有名なフレーズを口にしている。輝かしい成績をあげながら、おいしいところは長嶋や王にもっていかれて、地味になりがちな自分のことを語った「ぼやき」だ。ただ、のちに「わたしが成績をのばせたのはそんな2人の存在があったから」とものべている。監督になってからも野村はぼやきつづけた。南海、ヤクルト、阪神、楽天といずれも当時弱いとされていたチームで、「再生請負人」の役割を期待されての監督就任だった。野村のぼやきは不満や愚痴などではなく、チームを強くするための理想と現実の差を「ぼやき」で表現したもので、「高いところに登ろうとする意欲の変形」と本人はのべている。

野村克也

1935	京都府に生まれる
1954	南海に入団
1957	本塁打王のタイトルを獲得
1961	MVPに選出、この年から8年連続本塁打王
1965	戦後初、パ・リーグ初の三冠王を獲得
1970	監督兼任（捕手・4番打者・監督）のプレイングマネージャーになる
1973	南海をリーグ優勝に導く
1978	ロッテ・オリオンズ（現在のマリーンズ）に移籍
1979	西武ライオンズに移籍し翌シーズンで現役を引退
1990	野球解説者を経て、ヤクルトの監督に就任（1998年まで）
1999	阪神の監督に就任（2001年まで）
2003	社会人野球・シダックスの監督に就任
2006	楽天の監督に就任（2009年まで）
2009	2位で初のクライマックスシリーズに進出。4球団24年間の監督生活にピリオドを打った

チームの再生請負人として本領発揮

解説者生活を経て1990年、ヤクルトの監督となる。「ID野球」をかかげてチームの改革を図った。これは、経験や勘のみにたよるのではなく、データをもとに科学的な野球を実行する手法である。このID野球を捕手・古田敦也らに徹底的にたたきこむ。その結果1992年と1993年、ヤクルトはリーグを連覇し、1993年には日本一にもなった。9年間の在任中、リーグ優勝4回の成績を残した。

その後、阪神、社会人野球のシダックスを経て2006年からは楽天の監督に就任。「マー君（田中将大）、神の子、不思議な子」など、数かずの野村語録が新聞紙面をにぎわせた。初年度の成績は最下位だったが、2009年には念願の2位でAクラス入りをはたした。

2009年4月、監督通算1500勝を達成し、田中将大（右）からウイニングボールを受けとる楽天・野村監督。

ベストナイン賞：その年のポジションごとにもっとも活躍した選手を1名ずつ選出してあたえられる賞（外野手はポジションに関係なく3人）。野村はこの賞の最多受賞者で、19回も獲得している。2番目は王貞治の18回、3番目は長嶋茂雄の17回、4番目は張本勲の16回と続く。

広角打法で日本プロ野球唯一の3000安打達成

張本 勲

4歳で右手に大やけど。5歳で原爆によって被ばくした広島生まれの張本勲。努力と精神力で克服し、左の大打者になった。高校時代に才能を見出され、1959年に東映フライヤーズ（現在の日本ハム）に入団。同年、新人王、1962年にはMVPを獲得。左右に打ちわける広角打法で「安打製造機」の異名をとる。首位打者７回の最多記録のほか、多くの打撃記録をつくった。あこがれの読売ジャイアンツでOH砲として活躍した後、1980年にはロッテに移籍し驚異の3000安打を達成した。猛打賞（→右ページ）の最多受賞者。

張本 勲

1940	広島県に生まれる
1959	浪華商業高校（大阪府）から東映に入団。新人王に輝く
1961	3割3分6厘で首位打者に輝くと、このあと通算7度もこのタイトルを獲得
1962	リーグMVPを獲得
1970	3割8分3厘で当時の日本最高打率をマークする
1972	2000安打達成
1976	巨人へ移籍。王貞治とのコンビでOH砲とよばれた。1976年、1977年とリーグ連覇に貢献
1980	ロッテへ移籍し、前人未踏の3000安打を達成する
1981	現役引退。通算成績は2752試合、3085安打、504本塁打、1676打点、打率3割1分9厘

1959年、東映に入団してまもないころ。

最高打率の「安打製造機」「広角打法」

もともと右利きだった張本だったが、4歳のときに大やけどを負い、右手の薬指と小指がはなれなくなったため野球では左投げ左打ちにした。1959年、東映に入団。高卒新人ながら開幕戦のスタメンに名を連ねた張本は、新人王を獲得した。

東映3年目の1961年には、21歳ながら3割3分6厘で初の首位打者になった。張本はこのあと通算7度もこのタイトルを手にすることになる。翌1962年にはチーム初優勝に貢献し、MVP。1970年には3割8分3厘という日本最高打率をマークした。1972年8月19日、史上7人目となる2000安打を達成。当初は右に引っぱるだけのバッターだったが、このころには外角の球は左へ、さらにゴロを打っても足をいかして内野安打にするなど、「安打製造機」「広角打法」の名をほしいままにした。

猛打賞とマルチヒットはちがう？

猛打賞とは1試合で3本以上のヒットを記録した選手におくられる賞で、スポンサー企業から賞金や賞品が提供される。張本は日本歴代最多となる通算251回の猛打賞を獲得している。2位は巨人の監督をつとめた川上哲治の194回。

ちなみに、日米通算ではイチローのほうが安打数が多いが、MLBには猛打賞はなく、1試合で2本以上のヒットを打つとマルチヒット（複数安打）といわれる。ただし、賞品などはない。

3000安打達成の瞬間。

あこがれの巨人で「OH砲」として優勝に貢献

1975年のオフ、望んでいた巨人への移籍がきまる。その年の巨人は、長嶋茂雄が監督に就任したものの、史上初めて最下位に転落。「王貞治の前を打つ大砲がほしい」とリクエストされたものだった。

1976年シーズン、王と張本のコンビは「OH砲」とよばれるようになった。6月10日には史上2人目の2500安打を達成。同月20日には30試合連続安打をマーク。最終的にわずかな差で首位打者はのがしたものの、このOH砲は1976年、1977年と長嶋巨人の2度のリーグ優勝に貢献した。

前人未踏の3000安打まで残りわずかになっていた1980年、張本はロッテ・オリオンズ（現在のマリーンズ）へ移籍。5月28日に達成し、1981年の引退までその記録を3085本にまでのばした。

球界のご意見番：引退後、張本は解説者・評論家として活動する。そのひとつがTBS系列『サンデーモーニング』の「週刊御意見番」だ。球界のご意見番として1週間のスポーツを論評し、「あっぱれ！」や「喝！」をあたえる。専門家としての辛口コメントで人気があった。2021年に降板。

連続出場の大記録をほこる鉄人

衣笠祥雄

驚異の2215試合という連続試合出場の日本記録保持者。これは世界でも2位の記録だ。18年間にわたり連続して出場した「鉄人」、衣笠。広島東洋カープ生えぬきの選手として、盟友・山本浩二とともに「赤ヘル軍団」の黄金時代を築き、親友・江夏豊とともに、絶体絶命のピンチから日本シリーズ初制覇をしてみせた。

1987年６月、連続試合出場世界新記録を達成。

衣笠祥雄

1947	京都府に生まれる
1965	広島に入団
1970	10月19日から18年間にわたる2215試合の連続試合出場がスタート
1976	盗塁王を獲得
1984	リーグ優勝し打点王、リーグMVPに輝く。日本シリーズも制覇
1987	６月13日、ルー・ゲーリッグがもつ2130試合連続出場世界記録を抜く
	６月22日、国民栄誉賞を授与される
	10月22日、連続試合出場を2215試合にまでのばして現役を引退。背番号３は広島の永久欠番

骨折をおして連続試合出場の世界記録

衣笠祥雄といえば「鉄人」が代名詞である。連続試合出場は、1970年10月19日から1987年10月22日まで18年間にわたり2215試合続いた。これはアメリカのルー・ゲーリッグの2130試合を抜き、当時の世界記録となった。しかし記録を達成するなかではピンチもあった。1979年８月１日、死球を受けて左肩を骨折してしまったのだ。だが衣笠は入院を拒否。すると深夜、古葉竹識監督（→24ページ）から「明日、必ず球場に来い」と電話が入った。そして翌日、代打で出場機会を得た。マウンドには江川卓。三球三振に終わったものの、連続出場記録はつながった。その翌日の試合もしっかり出場しており、その強じんな体はまさに鋼の肉体といえる。

YK砲で広島カープ黄金時代を築く

1975年、広島は日本のプロ野球で初めて赤をチームカラーに採用。ヘルメットは赤くなり、「赤ヘル軍団」が誕生した。衣笠は同学年で「ミスター赤ヘル」とよばれた山本浩二とのコンビ・YK砲で、広島の赤ヘル打線をけん引。その年、古葉竹識監督のもと、創立25周年目にしてリーグ初優勝をはたし、「赤ヘル軍団」の黄金時代ははじまった。1979年、日本シリーズで近鉄バファローズ（現在のオリックス）を下し初の日本一となると、翌1980年も日本一に輝いた。山本は1986年、衣笠は1987年にユニフォームを脱ぐまで、２人は切磋琢磨をしつづけた。

左から山本、衣笠、長嶋茂雄。

もう一人の鉄人の記録・金本知憲

連続試合出場記録の歴代ランキング１位の衣笠が「元祖鉄人」ならば、連続フルイニング出場記録ランキング１位の金本知憲もまた「鉄人」といえよう。金本は広島に入団した当時、細身の選手だった。地道なトレーニングで肉体改造にはげみ、連続試合フルイニング出場はじつに1492試合。イニング数にすると１万3686回となる。左手首を骨折して右手１本でヒットを打ったり、左膝の半月板を損傷したりしても強行出場を続けるなど、努力の積みかさねによって達成された記録は世界最多であり、正式にギネス世界記録として登録された。

2000安打を達成した金本。

連続試合出場記録：衣笠の連続試合出場記録2215試合は1987年当時の世界一だったが、その記録は1996年にメジャーリーグ、ボルティモア・オリオールズのカル・リプケンによって更新された。その試合には衣笠も立ちあっている。リプケンはその後2632試合まで記録をのばした。

唯一、三冠王を３度獲得した伝説のバッター

落合博満

打撃のタイトルをとることは、並大抵の努力や才能ではなかなかむずかしい。同一のシーズンに１人の打者が、首位打者、本塁打王、打点王になることがどれだけ輝かしい偉業であることか。そして、この三冠王を３度獲得したのは日本のプロ野球でただ１人、落合博満だけだ。メジャーリーグでも２度獲得した選手はいるが、いまだ３度はいない。

前人未踏、史上初めて3度の三冠王に輝く

社会人チームの東芝府中で通算70本塁打を放ち、社会人ナンバー1ルーキーとして、1979年ロッテ・オリオンズ（現在のマリーンズ）に入団した。獲得した初めてのタイトルは1981年の首位打者。そして翌1982年には三冠王に輝く。28歳は当時の最年少だった。この年はMVPにも選ばれている。

1982年まではおもにセカンドで起用されていたが、1983年シーズンにファーストに定着。打率を3割3分2厘と前年よりも上げ、3年連続の首位打者を獲得。しかしロッテは球団初の最下位。1984年はサードに起用されることがふえた。

1985年、打率3割6分7厘、52本塁打、146打点という文句のつけようのない驚異的な数字で2度目の三冠王になる。さらに翌年も連続して三冠王になり、プロ野球史上唯一の「3度の三冠王」となったのである。

1985年、2度目の三冠王を獲得したロッテの落合。

落合博満

1953	秋田県に生まれる
1979	ロッテに入団
1981	この年から3年連続で首位打者
1982	史上最年少の28歳で三冠王になる
1985	翌年にかけて2年連続で三冠王を獲得
1987	トレードで中日に移籍し、日本人初の1億円プレーヤーとなる
1994	読売ジャイアンツへ移籍
1997	日本ハム・ファイターズへ移籍
1998	現役引退
2004	中日の監督に就任。2011年までにリーグ優勝4回、日本シリーズ出場5回、日本一1回の成績をあげる

監督・落合の「オレ流」采配

自分流をつらぬいてきた落合の生き方は、「オレ流」といわれ、中日ドラゴンズの監督に就任してからもそれは変わらなかった。選手同士を競争させ、1、2軍入れかえを実施。そして2004年、就任初年度にリーグ優勝。2006年、2度目のリーグ優勝を達成した。2007年はリーグ2位から日本シリーズに進出。おどろいたのは日本シリーズでの采配である。中日3勝、北海道日本ハムファイターズ1勝で迎えた第5戦、先発投手の山井大介は、8回まで日本ハム打線を1人のランナーも出さずパーフェクトに抑える好投を続けていた。スコアは1－0の1点差。日本シリーズでの完全試合となると史上初の快挙である。ところが落合監督は9回、山井にかえて岩瀬仁紀をマウンドに送った。落合は「53年ぶりの日本一のため」と語っている。岩瀬はそのイニングを三者凡退に抑え、中日は日本一を達成したが、この采配は賛否両論を巻きおこした。

歴代の三冠王獲得者は8選手

三冠王を獲得した選手の一覧は右の表。12回あるが、落合が3回、王貞治が2回、ランディ・バースが2回獲得しているので、人数でいえば8選手となる。落合の成績を見てみると、1982年の打点99は三冠王中、下から2番目（1シーズン制では最小）だが、1985年の打点146はトップで、いかにこの年の打撃成績が抜きんでていたかがわかる。

選手名	球団	年度	打率	本塁打	打点	備考
中島治康	巨　人	1938 秋	.361	10	38	
野村克也	南　海	1965（パ・リーグ）	.320	42	110	
王 貞治	巨　人	1973（セ・リーグ）	.355	51	114	
王 貞治	巨　人	1974（セ・リーグ）	.332	49	107	最年長（34歳シーズン）
落合博満	**ロッテ**	**1982（パ・リーグ）**	**.325**	**32**	**99**	
落合博満	**ロッテ**	**1985（パ・リーグ）**	**.367**	**52**	**146**	
落合博満	**ロッテ**	**1986（パ・リーグ）**	**.360**	**50**	**116**	
ブーマー	阪　急	1984（パ・リーグ）	.355	37	130	
バース	阪　神	1985（セ・リーグ）	.350	54	134	
バース	阪　神	1986（セ・リーグ）	.389	47	109	
松中信彦	ダイエー	2004（パ・リーグ）	.358	44	120	本塁打は1位タイ
村上宗隆	ヤクルト	2022（セ・リーグ）	.318	56	134	最年少（22歳シーズン）

豆知識 **アンチ体育会系：**落合は秋田工業高校時代、上下関係のきびしさをきらい、入部と退部を8度くりかえす。それでも試合になると4割近い打率をあげていた。東洋大学への進学がきまり入学前に野球部のキャンプに参加したが、やはり古い体質が合わず、大学を中退した。

20世紀最後・昭和最後の投手5冠に輝いた「怪物」

江川 卓

共同通信イメージズ

作新学院高校（栃木県）時代の江川卓は、「バットに当てるのすらむずかしい」といわれる「怪物」投手だった。高校卒業時にも大学卒業時にもドラフト1位指名されたが、読売ジャイアンツ入りを望んでいずれも拒否。3度目のドラフトでは意外な方法で巨人に入団。1981年には最多勝、最高勝率、最優秀防御率、最多奪三振、最多完封と投手の五冠を達成した。「平成の怪物」といえば松坂大輔（→40ページ）、「令和の怪物」といえば佐々木朗希（→52ページ）が思いうかぶが、元祖といえる「昭和の怪物」はこの江川卓だ。

巨人入団後、初登板で阪神戦に先発。

江川 卓

1955	福島県に生まれる
1971	作新学院高校１年生の夏に完全試合を達成
1973	初出場した春の甲子園で60奪三振の大会記録を達成 ドラフト会議で１位指名されたが拒否
1974	法政大学に進学。大学時代の成績は通算47勝
1977	ドラフト会議で１位指名されたがふたたび拒否し、 アメリカの南カリフォルニア大学に留学
1978	11月、「空白の１日」をついて巨人と「契約」
1980	16勝で最多勝、最多奪三振を獲得
1981	20勝をあげ連続最多勝と最多奪三振、最優秀防御率に輝き巨人の優勝に貢献、MVPも獲得。最高勝率、最多完封と合わせ投手五冠を達成
1982	19勝、24完投、10無四球試合はリーグトップ

ドラフト指名を２度も拒否

1971年、作新学院高校１年の夏に栃木県高校野球史上初となる完全試合を達成したが、甲子園出場はならず。高校２年の夏、栃木県予選では３試合連続ノーヒットノーラン（うち１試合は完全試合）を達成したが、やはり甲子園にはとどかず。ただこのころから、「栃木に江川あり」とその名は全国に知れわたっていった。1973年春の甲子園にようやく初出場。結果はベスト４だったが、通算60奪三振の大会記録を残し、「怪物」とよばれた。むかえた1973年秋のドラフトで、江川は阪急ブレーブス（現在のオリックス）に１位指名された。だが入団を拒否し、法政大学に進学する。大学では４年間で通算47勝（東京六大学野球リーグの歴代２位）をあげるもドラフト指名後ふたたび入団拒否。そして、「空白の１日」事件を経て1979年、江川は念願の巨人入団をはたすことになる。

江川と沢村栄治賞

江川にとってのベストシーズンは1981年。20勝をあげ、連続最多勝、最多奪三振、最優秀防御率に輝き巨人の８年ぶりの日本一に貢献するとともに、シーズンMVP、ベストナインとタイトルを総なめにした。最高勝率、最多完封と合わせて投手の五冠を達成。これは昭和最後で20世紀最後の偉業だったが、沢村栄治賞は同僚の西本聖におくられた。1982年の成績は24完投で19勝、無四球試合10はリーグトップ。しかしこの年も、選考基準をすべてクリアしていたにもかかわらず、沢村賞は広島東洋カープの北別府学におくられ江川はのがした。

「空白の１日」事件

1977年の大学４年でむかえたドラフトでクラウンライター・ライオンズ（現在の西武）から指名されたが、江川は拒否。プロ入りの交渉をする権利はライオンズに残る。そして1978年に事件は起きた。「ライオンズの権利はドラフト会議２日前に失われ、前日は自由の身になり入団契約可能」という解釈で、巨人は江川との「電撃契約」を強行した。これは「空白の１日」とよばれた。だが、この契約はNPB最高責任者であるコミッショナーからの強い要望で撤回される。

ドラフト会議は巨人がボイコットし、４球団が江川を指名。阪神タイガースが交渉の権利を獲得した。その後、巨人と阪神との交渉があり、1979年１月、江川はいったん阪神と契約を結び入団。その日のうちに巨人・小林繁との交換トレードで巨人に移籍した。しかしこれも「新人選手の開幕以前のトレードを禁止する」という野球協約に違反するとして撤回された。結局、小林は交換なしで阪神に移籍、そして江川は開幕日の４月７日になってからの移籍となった。こうして江川は巨人入りをはたした。

デビューは1979年６月２日阪神戦。期待は大きかったが３本のホームランを浴び、敗戦投手となる。ルーキーイヤーの成績は９勝10敗の負け越し。だが、２年目は最多勝と最多奪三振を獲得。３年目は最多勝と最優秀防御率など投手五冠を獲得し、リーグMVPも受賞した。

江川卓の引退セレモニー： 日本初の屋根つき野球場・東京ドームのオープニング試合は1988年３月18日。この日には巨人対阪神のオープン戦がおこなわれた。このとき、前年に引退をきめていた江川の引退セレモニーがおこなわれた。ライバル掛布雅之相手に江川が投げたボールは、超スローボールだった。

まだまだいる！ 歴史をつくった選手たち

ヴィクトル・スタルヒン

投手

初期のプロ野球を支えた大投手

日本にプロ野球が誕生した時代を沢村栄治とともに支えたロシア出身の大投手。191cmの長身から投げこむ角度のある剛速球とカーブで、戦前の巨人黄金時代の中心投手として活躍した。戦争がはげしくなり、一時、須田博という日本名を名のった。戦後の1946年、プロ野球が復活したあとはいくつかのチームをわたりあるき、1955年オフに引退。通算303勝は当時のプロ野球記録だった。1960年に野球殿堂入りした。

●おもな実績

1937年 7月3日、ノーヒットノーラン達成

1939年 42勝（日本プロ野球タイ記録）をあげる

1940年 5シーズン連続で最多勝を獲得

1955年 NPB初の通算300勝を達成

大下 弘

外野手

青バットではなばなしく活躍した天才打者

1946年のプロ野球復活と同時に新球団セネタースに入団。いきなり20本塁打を放ち、本塁打王を獲得した。1947年から「赤バットの川上哲治」に対抗して、青色のバットを使用しはじめる。「青バットの大下」は人気を集め、川上とともに戦後の日本と野球界を盛りあげる存在となった。1952年に西鉄に移籍し、中心打者として活躍、黄金時代を築いた。「ポンちゃん」の愛称で親しまれ、少年野球の育成にも力をつくした。

●おもな実績

1946年 本塁打王を獲得（翌年も）

1949年 11月19日、1試合で7打席連続安打を放つ（ゲーム最多安打の日本記録）

1954年 西鉄の初優勝に貢献しMVPに選出

中西 太

内野手

飛距離をほこり“怪童”とよばれた

高松第一高校（香川県）時代から甲子園で活躍し、豪打と俊足ぶりで“怪童”としてその名は全国に知れわたっていた。1952年に西鉄に入団して新人王に輝く。翌1953年から4年連続で本塁打王を獲得するなど、小柄ながらがっちりした体格で振りぬいたするどい打球は、多くの記録を残した。1956年にはMVPに輝き、西鉄の黄金時代を築く。1962年に29歳の若さで監督兼任となり、1969年まで続けた。引退後も打撃コーチや監督として多くの打者をそだてた。

西日本新聞／共同通信イメージズ

●おもな実績

1952年 新人王を獲得

1953年 この年から4年連続で本塁打王

1956年 西鉄の日本一に貢献しMVPを獲得

1963年 監督兼任でリーグ優勝

稲尾和久

投手

シーズン42勝のタフな鉄腕エース

大下弘、中西太らと3年連続日本一（1956～1958年）をなしとげた西鉄黄金時代の中心選手。1年目からエースとして登板。連投しても好成績をあげ、「鉄腕・稲尾」とよばれた。とくに1958年の巨人との日本シリーズでは、3連敗のあと4連投4連勝で日本一を達成。「神様、仏様、稲尾様」とたたえられた。過酷な登板で肩を酷使したためか実働年数は14年と短めだったが、通算756試合に登板し276勝137敗の成績を残した。

●おもな実績

1956年 最優秀防御率と新人王を獲得

1958年 日本シリーズで4連投4連勝。チームを優勝に導き、2リーグ制後初の2年連続MVP

1961年 シーズン42勝（日本プロ野球タイ記録）を達成

山本浩二

球界を代表する４番 “ミスター赤ヘル”

外野手

大学時代は田淵幸一、富田勝とともに「法政３羽ガラス」とよばれた。1969年、ドラフト１位で広島に入団。７年目の1975年に初の首位打者のタイトルを獲得し、チームは球団創設以来の初優勝をはたした。シーズンMVPに選ばれた山本は「ミスター赤ヘル」として、鉄人・衣笠祥雄とともに広島の黄金時代をつくった。1978年には初の本塁打王になるなど、球界を代表する選手に成長。外野手でベストナインに10回選出されている。

●おもな実績

1975年 打率３割１分９厘で初の首位打者に輝く

1978年 44本で初の本塁打王となる

1980年 本塁打王と打点王の二冠と合わせ、２度目のシーズンMVP

福本 豊

通算1065盗塁を達成 “世界の盗塁王”

外野手

入団から引退まで20年間、阪急に所属。1983年にはMLB記録を上回る通算939盗塁の世界記録を達成し、「世界の盗塁王」とよばれた。その後に国民栄誉賞を打診されたが、断っている。シーズン最多記録は1972年の106盗塁。この年にはMVPにも選ばれている。1970年から1982年まで13年連続盗塁王。引退までの通算1065盗塁は日本記録。いっぽう、盗塁にばかり注目が集まるが打撃にもすぐれ、通算115三塁打もいまだにやぶられていない日本記録。

●おもな実績

1972年 NPB歴代最多のシーズン106盗塁達成

1983年 通算939盗塁の世界記録を達成

1988年 通算1065盗塁を記録

掛布雅之

ドラフト６位からのミスタータイガース

内野手

ドラフト６位ながら、1974年の入団１年目から一軍に定着した。２年目からレギュラーをつかみ、３年目にはベストナインに選出されている。1978年にはゴールデン・グラブ賞を受賞。この年のオールスターゲーム第３戦では、史上初の３打席連続本塁打という快挙をやってのけた。研究熱心で、高打率を残しながら本塁打を量産した。1979年には本塁打王に輝き、田淵幸一にかわり、「ミスタータイガース」の称号を手にした。

●おもな実績

1982年 打点王を獲得

1984年 ３度目の本塁打王になる

1985年 真弓明信、ランディ・バース、岡田彰布らとの打線爆発で21年ぶりのリーグ優勝、初の日本一に貢献

槙原寛己

平成唯一のミスター・パーフェクト

投手

大府高校（愛知県）時代から、その剛球ぶりで注目を集めていた。巨人入団２年目の1983年に初先発を初完封でかざる。その年、12勝をあげて新人王を獲得。1984年にマークした球速155kmは、スピードガンができて以来の最速記録だった。高速スライダーは魔球といわれる。斎藤雅樹、桑田真澄とともに巨人の先発三本柱を形成し、1989年の巨人の日本一に大きく貢献した。1994年５月18日の広島戦では、平成唯一の完全試合を達成した。

●おもな実績

1988年 最多奪三振のタイトルを獲得

1992年 この年から４年連続で２けた勝利

1994年 ５月18日、完全試合を達成 日本シリーズでMVPに輝く

歴史をいろどる日本の名監督

三原 脩

知将がふるう「三原マジック」

1934年に巨人の前身「大日本東京野球倶楽部」（→4ページ）に入団。プロ野球契約第一号になる。現役引退後、1947年に巨人の監督に就任。1951年に西鉄の監督になり、1956年から3年連続して日本シリーズで巨人と対戦しいずれも勝利した。1960年、大洋の監督初年度は前年最下位から初の日本一に導き、知将として名をはせる。以降、近鉄、ヤクルトの監督を歴任し、監督としての通算試合数3248は歴代最多記録。香川の同郷である水原茂は永遠のライバル。

鶴岡一人

歴代1位の勝利数で南海黄金時代を築く

1939年に南海に入団したが翌年、戦争に召集。1946年に復帰と同時に選手兼監督となる。その年、チームは優勝し、選手としては打点王を獲得。初代MVPになった。その後も1952年までは兼任監督で、翌1953年から専任監督として、南海の黄金時代を築きながら1968年まで在籍した。その間のリーグ優勝は11回。人情味にあふれ、選手からは「鶴岡親分」と慕われた。プロ野球史上最多の監督通算1773勝をあげた。

川上哲治

管理野球を取りいれてV9の金字塔

「ボールが止まって見えた」のセリフで有名な打撃の神様。1938年、巨人に入団し活躍した。戦争をはさみ、1946年に復帰。大下弘の青バットに対抗する赤バットで人気を博した。引退後の1961年から巨人の監督として指揮をとる。チームワークを重視する管理野球をとりいれ、14年間で11度のリーグ優勝をはたし、日本シリーズは負け知らずだった。1965年からの9年連続日本一は「V9」とよばれ、プロ野球史上伝説の記録となっている。

古葉竹識

広島初の優勝 黄金時代を築く

1958年に広島に入団。1970年に南海に移籍し、1971年に引退後、2年間、守備・走塁コーチをつとめた。1974年に広島に復帰し一軍守備コーチになると、翌1975年途中から、ジョー・ルーツ監督の後をついで監督に就任。球団創立初のリーグ優勝をもたらす。そのころ主力には山本浩二、衣笠祥雄、高橋慶彦らがおり、機動力をいかした緻密な野球をおしすすめた。1985年までの在任11年間でリーグ優勝4回、日本シリーズは3度制覇した。

森 祇晶

**選手操縦術で
３連覇を２度達成**

旧登録名は森昌彦。現役時代は巨人の正捕手として日本シリーズMVP（1967年）を獲得するなど、「V9の頭脳」と称された。1986年に西武の監督に就任。1994年に退任するまでの９年間で、チームを８度のリーグ優勝に導く。そのうち６度、日本一になり西武の黄金時代を築きあげた。選手には自由でのびのびとした野球をやらせる監督で、よいプレーをした選手をほめてやる気をおこさせるなどの指導をした。

仰木 彬

**鈴木一朗をイチローに
そだてた監督**

1954年、西鉄に入団し黄金時代を支えた。1970年から三原脩監督らがひきいる近鉄のコーチを18年つとめ、1988年に監督に就任。翌1989年にリーグ優勝をはたした。1990年、野茂英雄が入団するとトルネード投法を矯正せずにそだてた。1994年にはオリックス監督に就任。二軍の鈴木一朗を開幕から起用。これが「イチロー」の誕生である。翌1995年、阪神・淡路大震災に見舞われたがリーグ優勝。翌年、日本一になった。

星野仙一

**３球団で優勝を飾った
「燃える男」**

1969年に投手として中日入団以降、熱い投球で人気をはくした。1974年には沢村賞と初代セーブ王に輝く活躍で、巨人のV10をはばみ、「巨人キラー」の異名をとった。引退後は監督として、1988年と1999年に中日を２度のリーグ優勝に導く。2002年に阪神の監督に就任。翌2003年に阪神は18年ぶりのリーグ優勝をはたした。2013年には球団創設９年目の楽天を率いて日本一に。監督として３球団でのリーグ優勝は、三原脩、西本幸雄に次いで、史上３人目だった。

ボビー・バレンタイン

**ボビーマジックで
ロッテ31年ぶり日本一**

1985年から1992年までテキサス・レンジャーズの監督をつとめた。1995年、ロッテの監督に就任。チームを２位におしあげたが１年で解任。ニューヨーク・メッツで監督をつとめたのち、2004年にふたたびロッテの監督に就任。翌2005年、毎日スタメンをかえる日替わり打線でチームを31年ぶりの日本一に導き、この起用法などから「ボビーマジック」とよばれた。日本シリーズも４連勝で阪神をやぶり、「このチームは世界でイチバン」と絶叫した。

岡田彰布

18年ぶりに虎の「アレ」を引きよせた

阪神に入団した1年目に新人王を獲得。1985年の日本一の際には、5番打者でベストナインに輝いた。1995年にオリックスで現役引退しコーチをつとめる。1998年に阪神に復帰しコーチに。2004年から星野仙一の後任で監督に就任した。翌2005年、阪神を20年ぶりのリーグ優勝に導く。2008年に退任し、オリックス監督をはさみ、2023年に阪神監督に復帰。18年ぶりの快進撃中、「優勝」を「アレ」と表現しつづけ、38年ぶりの日本一に輝いた。

原 辰徳

選手でも監督でも巨人の若大将

東海大学からドラフト1位で巨人に入団。1981年、日本一に貢献し新人王を獲得した。1983年は打点王になり、リーグ優勝してMVPに輝く。愛称は「若大将」。1995年に引退して2002年に監督に就任。1年目から巨人を日本一に導いた。2003年に退任するも2度復帰し、合計3回、通算17年、監督をつとめた。在任中、リーグ優勝9回、日本一を3回達成。2009年の第2回WBCでは日本代表監督としてチームを優勝に導いた。

栗山英樹

指導者経験なしから日本一と世界一

1984年にドラフト外でヤクルトに入団し外野手として活躍していたが、1990年に引退。以降、スポーツキャスターなどを経て、指導経験ゼロながら、2012年に日本ハムの監督に就任。その年にリーグ優勝をはたす。ドラフト会議ではMLB挑戦を明言していた大谷翔平を指名し、投打二刀流にそだてあげ、球界の常識をくつがえした。2016年には日本一。2021年に退任後、日本代表監督に就任。2023年WBCでは14年ぶりの世界一に導いた。

中嶋 聡

オリックスに25年ぶりの優勝をもたらす

1989年、オリックスの正捕手となり、1995年にリーグ優勝。翌年には日本一になった。以降、西武、横浜、日本ハムへ移籍。2007年からコーチ兼任で、2015年46歳まで現役を続けた。引退後はコーチ専任となり、2019年からオリックスの二軍監督、2021年から一軍監督をつとめた。二軍の杉本裕太郎を4番におくなど、選手の才能や武器を使い、強いチームをつくった。2021年に25年ぶりのリーグ優勝を達成し、2022年には日本一。2023年にもリーグ優勝をはたした。

日本の野球を応援した二人の文化人

文学者 正岡子規
（1867年生まれ〜1902年没）

明治時代の俳人・文学者の正岡子規は、当時日本に伝えられたばかりの野球に出会い、その魅力にとりつかれ、すっかり夢中になってしまった。郷里の愛媛・松山にバットとボールをもちかえり、出身校である松山中学の生徒にベースボールを教えたこともあった。子規は、自身の子どものころの名前・升にちなんで、「野球」を「のぼーる」と読ませた。子規が詠んだ俳句や短歌には野球がよく登場する。また『山吹の一枝』は日本初の野球小説とされている。子規は文学を通じて野球の発展に大きく貢献した。

ちなみにベースボールを「野球」と訳したのは、子規の後輩にあたる中馬庚である。

野球が大好きだった正岡子規。

「野球」と名づけた中馬庚。

作曲家 古関裕而
（1909年生まれ〜1989年没）

人びとを元気にする曲をたくさんつくった古関裕而。

昭和初期から第二次世界大戦後にかけて活躍した作曲家。人びとを元気づける曲づくりを得意とし、戦前は早稲田大学応援歌「紺碧の空」や「大阪（阪神）タイガースの歌（通称：六甲おろし）」などを発表した。戦争中は軍歌も作曲したが、戦後は世の中を明るくする曲を数多く発表した。とくにスポーツに関する曲は多く、夏の甲子園で流れる「栄冠は君に輝く」や1964年東京オリンピックの入場行進で使用された「オリンピック・マーチ」は名曲として知られる。「巨人軍の歌（闘魂こめて）」も作曲し、早稲田大学と慶應義塾大学の応援歌をそれぞれつくるなど、古関の応援歌は敵も味方もなく、その曲づくりは多くの人に支持された。生涯につくった曲の数は5000ともいわれている。古関は2020年に放送されたNHK連続テレビ小説「エール」の主人公のモデルになっている。

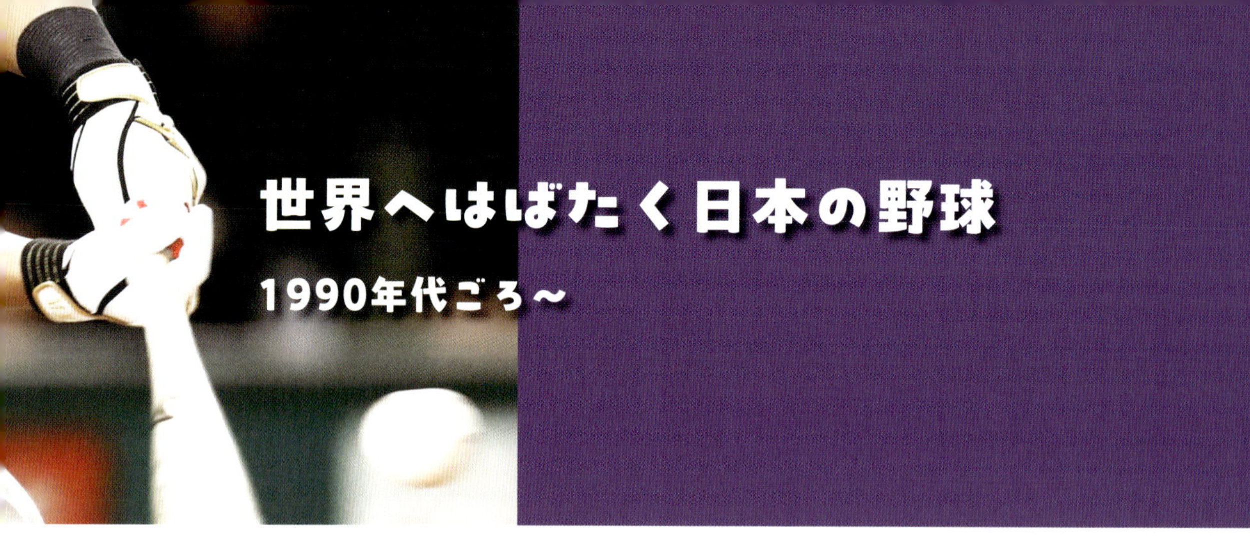

世界へはばたく日本の野球

1990年代ごろ〜

野球マンガで大リーグにあこがれる

読売ジャイアンツのV9とほぼ同時期、1966年から1971年まで「週刊少年マガジン」（講談社）に連載された『巨人の星』という野球マンガがあった。テレビアニメにもなっている。主人公の星飛雄馬は「剛速球」を投げるために「大リーグボール養成ギプス」という名の、おもにバネの力を利用して上半身をきたえる運動器具をつけてきつい練習をした。当時の野球少年たちはこのマンガを読んで、あるいはテレビアニメを見て、「大リーグってなんだろう」と思った。その時代の子どもはリアルタイムでベーブ・ルースを見たことがない。メジャーリーグについての知識もほとんどなかったが、「なにやらものすごい野球のリーグがアメリカにあるらしい」と思うようになった。すると野球少年たちは、当然のようにあこがれるようになるのだが、「アメリカ選手は体が大きいから日本人はかなわないよ」などと考え、メジャーリーグはあこがれるだけの、手のとどかない世界にとどまっていた。

あこがれのメジャーリーグに日本人が挑戦

そんな野球少年の弱気な声をはねとばし、日本人として初めてメジャーに挑戦したのが村上雅則（→31ページ）である。1964年から1965年にかけて、投手としてマウンドに立ち、アジア人として初のメジャー勝利投手になった。

村上が帰国してから30年がたった1995年、パ・リーグで初めて沢村賞を受賞した近鉄バファローズ（現在のオリックス）の野茂英雄がロサンゼルス・ドジャースと契約した。「プロに入ったときから、メジャーリーグでやってみたい夢をもっていました」と語った野茂は、日本野球界の「無謀だ」「わがまま」という声を振りきってメジャーをめざした。だが周囲は、本当に日本選手がメジャーで通用するのかがわからず、不安に思っていた。

帰国会見をする村上。

しかし野茂自身は「チャレンジしないまま日本にいて、残りの人生を後悔して過ごしたくない。メジャーリーグで自分の力がどこまで通用するのか、ためしてみたい」

ドジャースのオマリー会長と握手する野茂。

と語った。

そして、アメリカにわたりメジャーリーグ入りをはたした野茂は、体を大きくひねって投げる「トルネード投法」で大活躍し、「NOMOマニア」というファンがあらわれるほどの人気をほこった。すると、野茂を追うように、長谷川滋利、伊良部秀輝、吉井理人、佐々木主浩らがメジャー入りをはたすことになる。彼らはみな投手だった。

日本人野手も活躍できるんだ

日本で活躍した投手が次つぎとメジャー入りしていくなか、2000年11月にイチローがシアトル・マリナーズと契約をむすんだ。7年連続首位打者というけたはずれの活躍をしたバッターだが、日本人野手として初めてのメジャー挑戦である。すると、「日本人の野手がはたしてメジャーで通用するのだろうか」という声が、日本でもアメリカでもささやかれるようになる。だが、イチローはそんな声をプレーではねのけてみせた。マリナーズに入団したイチローは、初年度にシーズン200安打をマーク。新人王とMVPを同時に獲得。守備でも外野で捕球したボールを強肩をいかしてすばやく送球し、その正確さはレーザービームとよばれるようになった。

日本人野手がメジャーリーグでも活躍できることをイチローが証明すると、日本を代表するスラッガー松井秀喜がそのあとに続いた。松井が選んだのはメジャーリーグの名門ニューヨーク・ヤンキースだった。2003年、巨砲・ゴジラ松井は初打席・初安打・初打点を記録し、8日後には初本塁打となる満塁ホームランを放った。そしてヤンキース2年目の2004年、松井は日本人メジャーリーガー最多の31本塁打を記録した。これは2021年に大谷翔平にやぶられるまでの17年間、日本人トップの記録となった。2009年にヤンキースはワールドシリーズで勝利し、松井は圧倒的な成績でワールドシリーズMVPに輝いた。

その後も現在まで、多くの国内有力選手がメジャーリーグに挑戦している。

2007年のMLBオールスターでMVPに輝いたイチロー。

トルネード投法でメジャーリーグへの道を切りひらく

野茂英雄

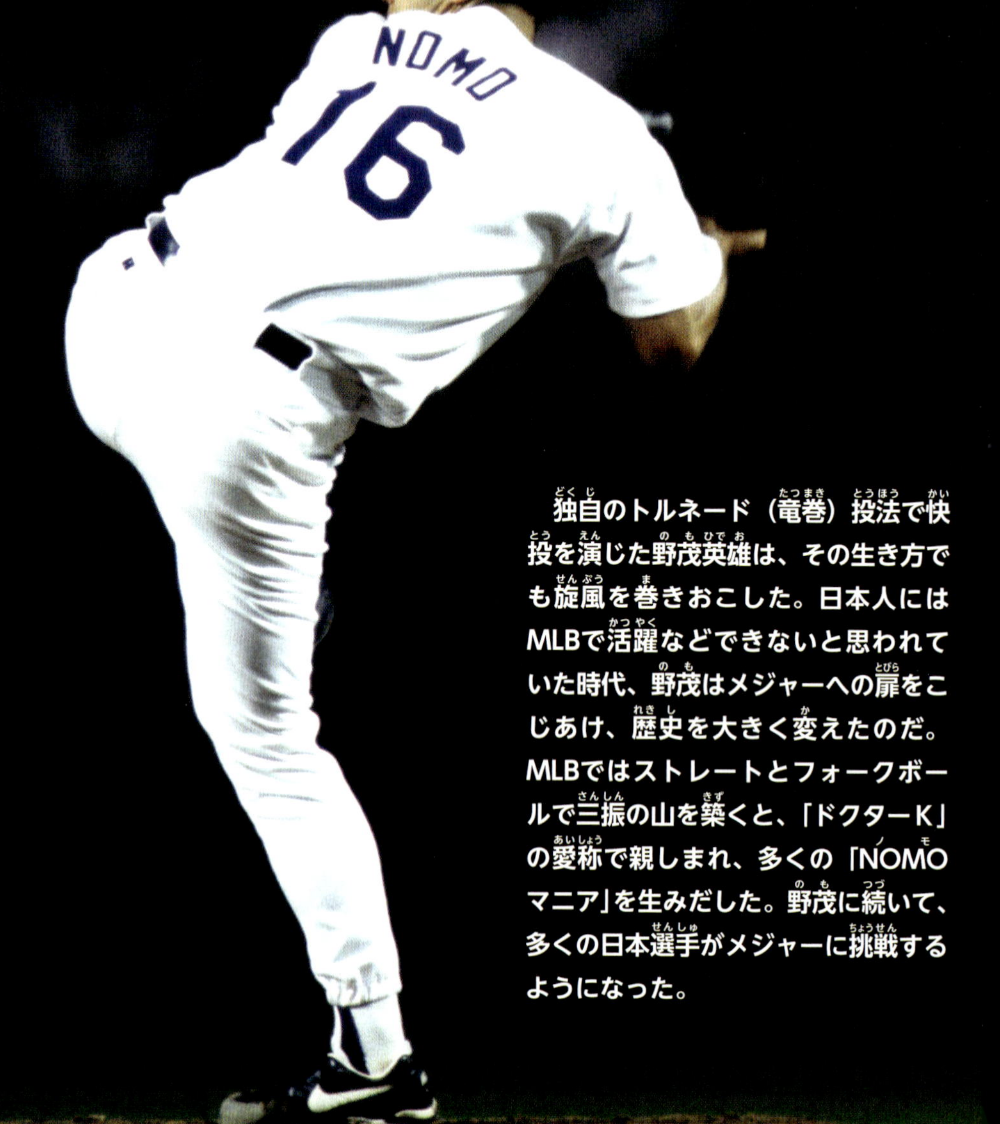

独自のトルネード（竜巻）投法で快投を演じた野茂英雄は、その生き方でも旋風を巻きおこした。日本人にはMLBで活躍などできないと思われていた時代、野茂はメジャーへの扉をこじあけ、歴史を大きく変えたのだ。MLBではストレートとフォークボールで三振の山を築くと、「ドクターK」の愛称で親しまれ、多くの「NOMOマニア」を生みだした。野茂に続いて、多くの日本選手がメジャーに挑戦するようになった。

トルネード投法で、近鉄では投手タイトルを総なめ

中学生のころ、野茂は考えた。「ふりかぶってから一度大きく打者に背中を見せ、体をひねって投げると、直球の威力が増すのではないか」。このフォームは、のちに「トルネード投法」とよばれるようになる。

新日本製鐵堺の１年目、縦に変化するフォークボールを身につけた。これが野茂の「伝家の宝刀」、最大の武器となった。1989年のドラフト会議で史上最多の８球団（当時）から１位指名を受け、近鉄バファローズ（現在のオリックス）に入団。消えるフォークボールを武器に、１年目から18勝と大活躍。最多勝、最高勝率、最優秀防御率、最多奪三振のパ・リーグの投手タイトルを独占し（四冠）、ベストナインに選ばれ、パ・リーグからは初となる沢村賞、新人王とMVPに輝いた。最多勝と最多奪三振のタイトルは1993年まで４年連続で獲得したが、この最多勝利４回はパ・リーグの最多タイ記録となっている。

1992年、西武との最終戦で17勝目をあげる近鉄の野茂。

初の日本人メジャーリーガー・村上雅則

野茂の前にメジャーリーガー第1号となった日本人がいる。マッシー村上の愛称でよばれた村上雅則だ。1963年に南海ホークスに入団。1964年に球団からアメリカ留学に派遣され、サンフランシスコ・ジャイアンツ傘下のマイナーチーム、フレズノで活躍すると、9月1日にメジャーに昇格し、メッツ戦で初登板をはたした。同29日のヒューストン・コルト45's（現在のアストロズ）戦で初勝利。２年間アメリカでプレーし、通算５勝をあげている。その後、南海に復帰し、阪神、日本ハムでもプレーした。

野茂英雄

1968	大阪府に生まれる
1990	ドラフト１位で近鉄に入団。最多勝、最多奪三振など投手タイトルを独占し（四冠）、ベストナイン、沢村賞、新人王とMVPを獲得
1993	最多勝、最多奪三振を獲得（４年連続）
1995	２月にドジャースとマイナー契約。５月２日、サンフランシスコ・ジャイアンツ戦で先発。オールスターゲーム初選出。チームの地区優勝に貢献し、ナ・リーグ新人王に輝く
1996	9月17日、ノーヒットノーランを達成
2001	４月４日、２回目のノーヒットノーランを達成。史上４人目の両リーグでのノーヒッターとなる
2008	現役引退

1995年MLBオールスターで先発。

「ドクターK」、２度のノーヒットノーラン

1995年、ロサンゼルス・ドジャースに入団した野茂は５月２日にメジャーリーグデビュー。翌６月は６勝０敗、防御率0.89という圧倒的な記録でナ・リーグの月間MVPに選出され、オールスターゲームでも先発をつとめた。シーズンを通して13勝６敗、リーグ最多の236奪三振で新人王にも選ばれた。

野球ではスコアブックに、三振を意味する記号として「K」と書くことから、三振をうばいつづける野茂に「ドクターK」という愛称がついた。ミルウォーキー・ブリュワーズ在籍中の1999年にはメジャー通算1000奪三振を達成、トルネード旋風が吹きあれた。ボストン・レッドソックス時代の2001年には２度目のノーヒットノーランをやってのける。ドジャース復帰後の2003年にはメジャー通算100勝を達成した。野茂はMLBで2008年までの14シーズンにわたり７球団に在籍し、同年に現役引退を表明。日本で78勝、MLBで123勝、日米通算201勝をあげる活躍を見せた。

豆知識 **野茂英雄の打撃：**1998年４月28日のブリュワーズ戦で、野茂は日本人初となる本塁打を放っている。ほかにもメジャーリーグにおける「日本人初」の二塁打、三塁打、打点、得点、死球、犠打、犠飛などの多くの打撃記録は野茂が記録したものである。

「大魔神」とよばれ日米で活躍したクローザー

佐々木主浩

力強いストレートとフォークボールをあやつり、抑え投手としてその地位を確立。横浜ベイスターズ（現在のDeNA）に38年ぶりの優勝をもたらした「ハマの大魔神」は、MLBのシアトル・マリナーズでも「DAIMAJIN」として活躍した。クローザーとして数かずの記録を打ちたて、日米の通算セーブ数は381。それまで日本プロ野球名球会の入会資格には「投手であれば200勝以上」の項目しかなかったが、「250セーブ以上」の条件が付けくわえられるきっかけもつくった。

「ハマの大魔神」が流行語大賞に

1990年、横浜大洋ホエールズ（現在のDeNA）に入団。翌年、クローザーをつとめると、117イニング投げて6勝9敗17セーブ、防御率2.00を記録。1992年には12勝21セーブの成績で初めて最優秀救援投手のタイトルを手にし、不動のストッパーとなった。1995年からは4年連続で最優秀救援投手賞を受賞。

佐々木のフォークボールは「魔球」とおそれられた。だが佐々木は「ストレートあってこそのフォークボール」と語る。球速150kmを超えるストレートと、落差の大きなフォークが強い武器だ。

いつしか佐々木は「ハマの大魔神」とよばれるようになっていた。守護神は敵から見ると「魔神」であり、映画「大魔神」に登場する巨大な守護神に似ているといわれたこともその理由だ。

1998年、打ちだすととまらないマシンガン打線とかみあって、6月に横浜は首位に立つ。9月には佐々木が史上初の通算200セーブ。チームは日本一に輝いた。シーズンMVPは優勝の立役者である佐々木で、「ハマの大魔神」は流行語大賞になった。

1998年10月、日本一をきめよろこぶ横浜の佐々木。

佐々木主浩

1968	宮城県に生まれる
1985	東北高校（宮城県）で甲子園に出場し、春・夏ともベスト8に進出
1989	東北福祉大学を経て大洋から1位指名を受ける
1991	クローザー（ストッパー）に転向
1995	この年から4年連続で最優秀救援投手賞を受賞
1998	横浜は38年ぶりのリーグ制覇からの日本一になり、「ハマの大魔神」は流行語大賞になる
2000	FA権を行使してマリナーズに移籍。2勝5敗37セーブで新人王を獲得
2004	横浜に復帰し、翌年引退

メジャーリーグでDAIMAJINぶりを発揮

1999年シーズンオフに、シアトル・マリナーズと契約を結んだ。電光掲示板に「DAIMAJIN」と表示され、クローザーとして登板するが、2000年5月にサヨナラ本塁打を2度打たれ、中継ぎに下げられる。しかし6月にはクローザーに復帰。以降はチームのクローザーに定着して、新人記録である37セーブをマークし、ア・リーグ新人王に輝いた。

その後も2001年は45セーブ、2002年には37セーブをあげ、メジャー最速で通算100セーブを記録。2003年オフには、日本プロ野球名球会入りの条件に「250セーブ以上」が加えられ、佐々木の名球会入りが確定した。日米通算300セーブ達成は日本人選手として史上初の快挙。メジャーのクローザーとしてはじめて成功した日本人だ。

クローザーとセーブ

先発完投型の投手を理想とする時代から、投げすぎによるけがや故障をへらすため、また勝利を確実にするために先発・中継ぎ・抑えという分業化が進んできた。先発投手を救援する投手はリリーフ投手とよばれる。リリーフ投手のなかで最終回をしめる投手がクローザー。その前に登板する投手がいる場合、その投手はセットアッパーとよばれる。チームのリードを最後まで守りきった投手にはセーブという記録がつく。

NPBの歴代通算セーブ数は表のとおり。

順位	投手	セーブ	現役期間	登板数
1	岩瀬仁紀	407	1999−2018	1002
2	高津臣吾	286	1991−2007	598
3	**佐々木主浩**	**252**	**1990−2005**	**439**
4	平野佳寿	249	2006−	697
5	藤川球児	243	1999−2020	782

※NPB2024年度シーズン終了時

映画「大魔神」:1966年に大映（現在のKADOKAWA）が製作・公開した。戦国時代、民衆をしいたげる悪い領主が大きな石の魔神をこわそうとした。すると、それまでおだやかな表情だった魔神が動きだし、おそろしい表情に変わって悪い領主をやっつけるというストーリー。

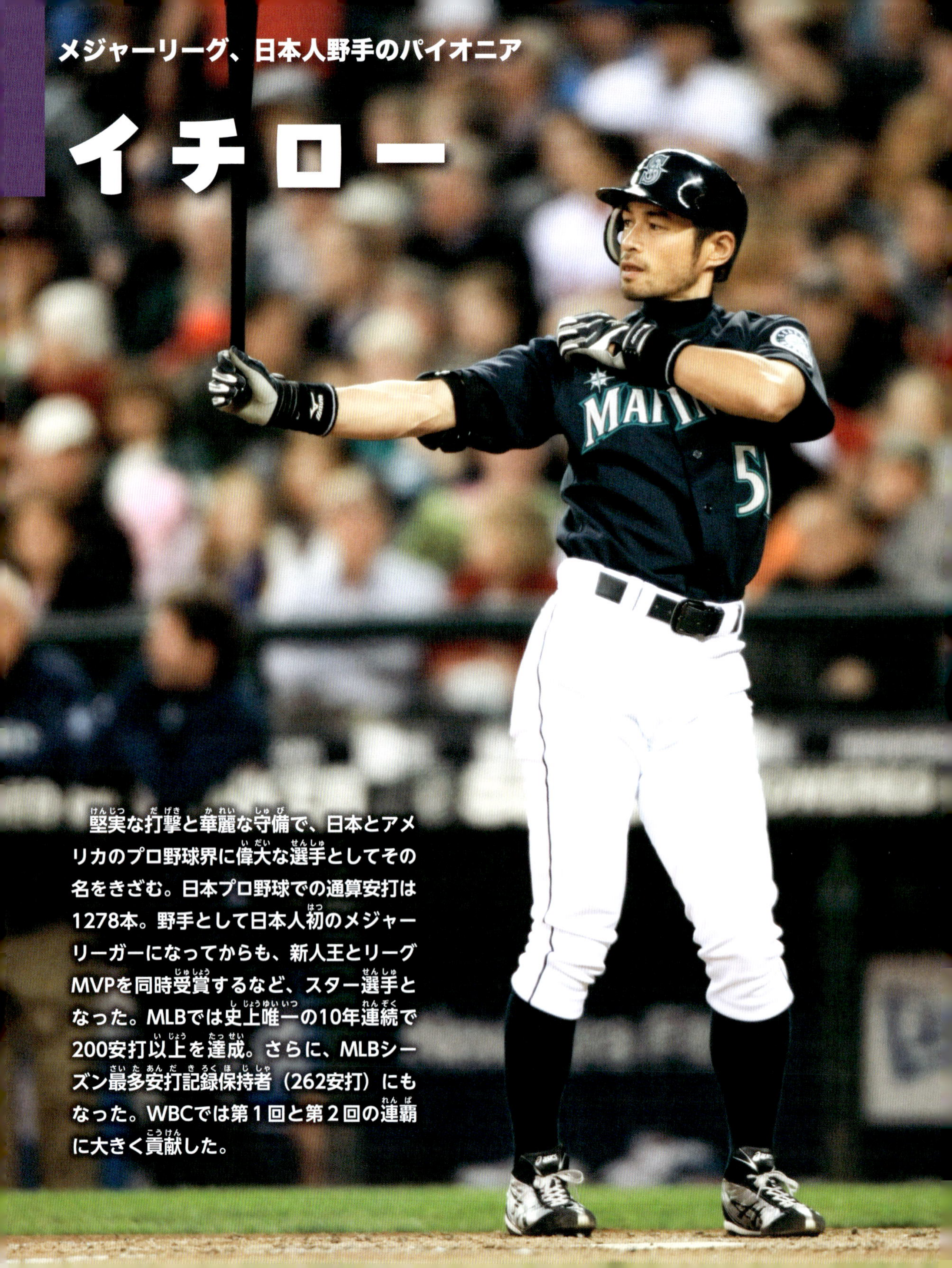

メジャーリーグ、日本人野手のパイオニア

イチロー

堅実な打撃と華麗な守備で、日本とアメリカのプロ野球界に偉大な選手としてその名をきざむ。日本プロ野球での通算安打は1278本。野手として日本人初のメジャーリーガーになってからも、新人王とリーグMVPを同時受賞するなど、スター選手となった。MLBでは史上唯一の10年連続で200安打以上を達成。さらに、MLBシーズン最多安打記録保持者（262安打）にもなった。WBCでは第１回と第２回の連覇に大きく貢献した。

振り子打法で「がんばろうKOBE」

1991年にオリックス・ブルーウェーブ（現在のバファローズ）入団。２年間の二軍生活のあいだに「振り子打法」を完成させていった。これは右足を振り子のように捕手側から投手側に動かし、前に体重移動させるバッティングフォーム。この打法でヒットを量産していく。

プロ３年目の1994年シーズン、登録名を本名の「鈴木一朗」から「イチロー」に変更。この年、当時シーズン最多の210安打で首位打者に輝くと、以降、日本をはなれる2000年まで７年連続で首位打者のタイトルを独占。MVPも1994年から３年連続で獲得した。

1995年１月17日、阪神淡路大震災が発生。当時のオリックスの本拠地・兵庫県神戸市は壊滅的な被害を受けた。イチローは「がんばろうKOBE」と書かれたユニホームに身をつつみ、大活躍を見せた。首位打者、打点王、盗塁王、最多安打、最高出塁率の打者五冠に輝き、チームもリーグ優勝をはたす。イチローは神戸だけでなく日本中に感動をあたえた。

1998年５月、「がんばろうKOBE」のユニフォームを着てイチローが満塁ホームラン。

2005年のサンディエゴ・パドレス戦で、ホームランになる寸前のボールをキャッチ。

イチロー

1973	愛知県に生まれる
1992	愛工大名電高校（愛知県）からオリックスに入団
1994	登録名を本名の「鈴木一朗」から「イチロー」に変更。ここから大ブレイクする
2001	マリナーズへ移籍
2006	第１回WBCに出場し、日本の優勝に貢献
2009	第２回WBCで連覇に貢献
2012	７月、ニューヨーク・ヤンキースへ移籍
2015	マイアミ・マーリンズへ移籍
2016	MLB通算3000安打を達成
2018	３月、マリナーズに復帰。５月に会長付特別補佐（スペシャルアシスタントアドバイザー）に就任
2019	３月、日本開催のMLB開幕２連戦後に現役引退を発表
2025	史上初の日米両国での殿堂入り

日本人野手として初のメジャーリーガー

2001年、シアトル・マリナーズに入団。日本人野手として初めてMLBに挑戦した。当初は日本人野手がMLBで通用するのか、疑問視されていた。ところが、たくみなバットコントロールと俊足をいかし、当時MLBにはなかったスモールベースボールでヒットを量産。さらに、ライト前に放たれたヒットを捕球し、すばやく正確な遠投でランナーをアウトにしとめ、観客を歓喜させた。この送球は「レーザービーム」とよばれるようになる。１年目からMLBの新人最多安打記録を更新するなど大暴れ。シーズンMVPと新人王を同時受賞し、首位打者、盗塁王、ゴールドグラブ賞などを受賞し、大活躍した。NPBとMLB通算28シーズンプレー。その間にMLBシーズン最多安打記録（262安打）、プロ野球通算最多安打記録（NPBとMLBで4367安打／ギネス世界記録）、通算最多試合出場記録（NPBとMLBで3604試合）などを記録した。

WBCで大活躍

2006年に開催された第１回ワールド・ベースボール・クラシック（WBC）に日本代表として出場。イチローは終始チームをリードし、日本は優勝をはたした。2009年の第２回WBCで、イチローはしばらくヒットを打てない状態が続いたが、決勝の韓国戦では延長10回に２点タイムリーを放ち、WBC連覇に大きく貢献した。

2009年WBC決勝・韓国戦、イチローが勝ちこしのタイムリー。

選手の登録名：プロ野球の選手は所属する球団を通じて選手名を連盟に登録する。多くの選手は本名を登録するが、「鈴木一朗」を「イチロー」としたように通称などに変更することもある。たとえば佐藤和弘はイチローと同時に登録名を「パンチ」に変更した。こちらはヘアスタイルのパンチパーマからとったものだ。

“ゴジラ”の愛称で親しまれたスラッガー

松井秀喜

まつい ひでき

“ゴジラ（Godzilla）”の愛称で日米のファンから愛された、平成を代表するスラッガー。星稜高校（石川県）時代からスケールの大きさは群を抜いていた。３年夏の甲子園では５打席連続で敬遠されるほど相手におそれられた。1993年、ドラフト１位で読売ジャイアンツに入団。在籍10年間で、本塁打王３回、打点王３回、首位打者１回などのタイトルを手にしている。2003年にMLBニューヨーク・ヤンキースに入団。2009年にはワールドシリーズでアジア人初のMVPを受賞。日米通算507本塁打を記録した。松井は日本人スラッガーがMLBでじゅうぶんに通用することをしめした。

1992年夏の甲子園、5打席連続で敬遠されやぶれた。

「メークドラマ」のシンボル

星稜高校では1年から4番で、1年の夏、2年の夏と甲子園に出場。だが、最後の夏の甲子園は2回戦の明徳義塾高校（高知県）戦でやぶれる。この試合、松井はなんと5打席連続で敬遠されたのだ。

1992年11月のドラフトを経て巨人への入団がきまる。1995年にはベストナインを受賞。以降、MLBへわたるまで8年連続で受賞した。

1996年、巨人は7月6日時点で首位・広島東洋カープに11.5ゲームも差をつけられていた。しかし7月9日の直接対決で9者連続安打。一挙7点をうばってから快進撃がはじまった。7月16日の試合前、長嶋茂雄監督は「松井が（本塁打を）40本打てばメークドラマ」と宣言して巨人は奇跡の逆転優勝。松井は初のリーグMVPを受賞した（本塁打は38本）。

2000年シーズンの開幕からは4番が定位置。本塁打王、打点王、最高出塁率、シーズンMVP、日本シリーズMVP、正力松太郎賞など、賞を総なめした。2001年には首位打者。2002年は本塁打王、打点王のタイトルをふたたび獲得。50本塁打も記録。国内では松井に並ぶ打者はいなかった。

東京オリンピックの聖火ランナー

2021年7月23日、1年延期された東京オリンピックの開会式で、松井は野球界のレジェンドの1人として、巨人終身名誉監督の長嶋茂雄さん、ソフトバンク球団会長の王貞治さんとともに聖火リレーに登場した。国民栄誉賞を受賞した3人だ。

長嶋さんはトーチに聖火を受け、そのトーチは王さんの右手にわたった。聖火をかかげた王さんは左手で会場に手をふり、松井は終始右手で長嶋さんを支えながら、ゆっくりと歩みを進めた。聖火は次に医療従事者にわたり、パラリンピアンの土田和歌子さんを経て、子どもたちへとリレーされ、最終点火者のテニスの大坂なおみ選手へと引きつがれた。

松井秀喜

1974	石川県に生まれる
1990	星稜高校に入学。以降、甲子園に4度出場
1993	ドラフト1位で巨人入団
1996	巨人優勝に貢献し、MVP獲得
1998	本塁打王、打点王、最高出塁率のタイトルを獲得
2000	本塁打王、打点王、最高出塁率に加えMVPを獲得
2001	首位打者のタイトルを獲得
2002	本塁打王、打点王、最高出塁率とMVPを獲得
2003	ヤンキースへ移籍
2009	世界一に輝きワールドシリーズMVPを獲得
2010	エンゼルスに移籍
2011	オークランド・アスレチックスに移籍
2012	タンパベイ・レイズに移籍。同年12月に現役引退を表明
2013	長嶋茂雄さんとともに国民栄誉賞受賞

世界一の原動力となりワールドシリーズMVP

2002年12月、アジア人野手として初めてニューヨーク・ヤンキースと契約。松井はニューヨークでも“Godzilla”としてファンに愛された。

2009年のゴジラ松井の大活躍は記憶に残るものだった。ヤンキースは2位に8ゲーム差をつけて地区優勝をきめると、プレーオフでミネソタ・ツインズを、リーグ優勝決定シリーズではロサンゼルス・エンゼルスをやぶり、ワールドシリーズ出場をきめた。

ワールドシリーズの対フィラデルフィア・フィリーズ戦、松井は第2戦で均衡をやぶるホームランを放つ。第3戦でホームラン、第5戦でもヒット。優勝に王手をかけた第6戦では2回に先制2ラン、3回には2点タイムリー、5回にもなんと2点タイムリーを放ち、1試合で6打点をあげ、7－3でヤンキースが勝利。そして松井は日本人初のワールドシリーズMVPを獲得した。

日本人初のワールドシリーズMVPトロフィーを獲得。

ゴジラ松井： 星稜高校3年の春の甲子園から松井は「ゴジラ松井」とよばれるようになる。名付けたのは日刊スポーツ記者の福永（旧姓赤星）美佐子さん。「下半身が大きくて犬歯が特徴的なところから浮かびました」と語っている。スタンドに大きなアーチをかけるそのパワーは、まさに「ゴジラ」級だった。

ワールドシリーズで胴上げ投手、世界一のクローザー

上原浩治

読売ジャイアンツ入団１年目で、新人王と沢村賞をダブル受賞するなど大活躍。2007年に初セーブをあげると、制球力を武器に守護神となった。34歳でMLBのボルティモア・オリオールズに入団。リリーフで安定した成績をあげ、ボストン・レッドソックスに移籍。クローザーとして地区優勝。さらに、ア・リーグで優勝、ワールドシリーズでもチームを世界一に導き、日本人初の胴上げ投手（優勝のときマウンドに立っている投手）になった。日米通算100勝100セーブ100ホールドを達成した。

逆指名で巨人入団、受賞ラッシュ

1998年のドラフト会議で松坂大輔とともに「目玉」的な存在だった上原浩治は、選手が球団を選択できる「逆指名」で巨人に入団。ルーキーイヤーの1999年、いきなり20勝4敗の好成績を残し、最多勝のほか、最優秀防御率、最多奪三振、最高勝率の投手四冠を達成、新人王と沢村賞も受賞した。

9年目の2007年5月2日の中日ドラゴンズ戦ではプロ初セーブをマークし、8月4日には球団史上初の4日連続セーブを記録。8月29日の東京ヤクルトスワローズ戦では球団新記録でプロ野球タイ記録となる月間11セーブをあげた。この年は球団記録をぬりかえる32セーブを達成。

制球力のある上原は9回の登板に定着し、「守護神」とよばれるようになった。

日本人初ワールドシリーズ胴上げ投手

2009年、MLBのオリオールズに入団、2010年からクローザーとして起用される。初セーブは2010年8月21日のテキサス・レンジャーズ戦。2011年には前年からの連続無四球試合数を36試合までのばした。リリーフとして安定した成績を残した上原は、2012年オフには各球団の争奪戦になり、レッドソックスと契約。2013年シーズンはクローザーとしてア・リーグ優勝に貢献し、リーグチャンピオンシップのMVPを獲得した。

セントルイス・カージナルスと対戦したワールドシリーズでも守護神として活躍。第4戦では9回裏2アウト走者一塁で、一塁走者をけん制アウトにしとめ、ゲームセット。ワールドシリーズ史上初の「けん制アウトによるゲームセット」である。これは日本人としてワールドシリーズ初のセーブとなった。第5戦でもセーブ、第6戦でも9回5点差で登板し、最後に打者を三振にしとめ、日本人初のワールドシリーズ胴上げ投手となった。

2018年3月、巨人へ復帰。オールスターに出場し、オールスター最年長登板（43歳3か月）を記録した。さらに同年7月、広島東洋カープ戦でホールド（中継ぎとしてリードを保つ記録）をあげ、球界初の日米通算100勝100セーブ100ホールドを達成した。

上原浩治

1975	大阪府に生まれる
1995	大阪体育大学に入学
1999	ドラフト1位で巨人に入団。1年目で沢村賞と新人王を獲得
2007	5月2日、プロ初セーブをマーク。守護神として球団新記録の32セーブをあげた
2009	オリオールズに移籍
2011	シーズン途中、トレードでレンジャーズに移籍
2013	レッドソックスに移籍し、ア・リーグ優勝に貢献ワールドシリーズで日本人初の胴上げ投手
2018	3月、巨人へ復帰。7月、球界初の日米通算100勝100セーブ100ホールドを達成
2019	5月20日にシーズン途中での現役引退を発表

ワールドシリーズを制したレッドソックスの上原。

座右の銘「雑草魂」

大阪体育大学時代の上原は、専用グラウンドはなく、遠征費は夜中の工事現場でのアルバイトで稼ぐなど、決して恵まれていなかった。努力が実り、初めて日本代表に選ばれたとき、ほかのメンバーたちがメーカーなどから多くのサポートを受けている光景を目の当たりにし、「こいつらには負けない」と闘争心をかきたてられたという。その反骨心から上原の座右の銘は「雑草魂」となった。

無名選手からはいあがり巨人に入団した上原は、沢村賞を含む投手タイトルを総なめする大活躍を見せた。同期には松坂大輔がいた。5歳年下の松坂は高校時代からはなばなしい実績をもつスター選手で、上原とは対照的な存在だった。上原の「雑草魂」は1999年の「流行語大賞」に選ばれたが、同時に松坂の「リベンジ」も選ばれているところがなかなか興味深い。

胴上げ投手: 上原は日本人初のワールドシリーズ「胴上げ投手」といわれる。しかし、実際に胴上げされたわけではない。MLBには胴上げする習慣がないのだ。また、NPBでも胴上げされるのは監督で、クローザーではない。優勝がかかった試合で最後をきっちりとしめた投手を「胴上げ投手」とよんでいる。

甲子園決勝でノーヒットノーラン、WBCでは連続MVP

松坂 大輔

横浜高校（神奈川県）では春と夏の甲子園で連覇を達成。夏の決勝ではノーヒットノーランで優勝し、「平成の怪物」として注目を集める。西武ライオンズ入団後は重い速球とスライダーで１年目から大活躍。2006年と2009年のWBCでは日本代表のエースとして優勝に貢献するなど、国際大会にも強かった。NPBで２度のリーグ優勝と１度の日本シリーズ優勝。さらにMLBでは2007年にワールドシリーズ優勝をはたした。強い「勝運」ももっていた選手だ。

夏の甲子園で「平成の怪物」として注目を集める

1998年夏の甲子園決勝でノーヒットノーランを達成した横浜高校の松坂。

横浜高校３年のとき、春と夏の甲子園を連覇。夏の準々決勝では、PL学園高校（大阪府）と延長17回にわたる死闘を演じ、松坂は１人で250球を投げぬき９－７で勝利をおさめた。翌日、明徳義塾高校（高知県）との準決勝では、右腕にテーピングをした松坂はレフトの守備についていた。８回表終了時点で明徳義塾が６－０でリード。万事休すと思われたが、８回裏に４点をとって反撃を開始すると９回表には松坂がマウンドに上がり、無失点に切りぬけた。その裏、無死満塁のチャンスから３点を奪い劇的なサヨナラ勝ちをおさめる。むかえた翌日の京都成章高校との決勝では、松坂は59年ぶり史上２人目の夏の甲子園決勝でのノーヒットノーランの快投を見せ、「平成の怪物」ぶりをひろく知らしめた。

1999年にドラフト１位で西武に入団し、いきなり先発ローテーションに定着。オールスターゲームに選出され、最多勝、ゴールデン・グラブ賞、ベストナイン、新人王などタイトルを総なめした。武器は150kmを超える速球とキレのいいスライダー。西武での８年間で７度の２けた勝利をあげた。

松坂世代

松坂大輔は傑出した怪物投手だったが、同世代にも豊かな才能の選手が多く、マスコミは彼らをまとめて「松坂世代」とよぶことがある。これは1980年４月２日〜1981年４月１日生まれの同学年の選手をさす。

プロ入りした顔ぶれをあげると、藤川球児（阪神）、杉内俊哉（ダイエー）、村田修一（横浜）、和田毅（ダイエー）、新垣渚（ダイエー）、森本稀哲（日本ハム）、小池正晃（横浜）らがいる。

阪神タイガースの藤川球児。

松坂大輔

1980	東京都に生まれる
1998	横浜高校時代に春・夏の甲子園連覇 ドラフト１位で西武ライオンズに指名される
1999	最多勝、ベストナイン、ゴールデン・グラブ賞、新人王を獲得
2000	最多勝、最多奪三振、ベストナイン、ゴールデン・グラブ賞を獲得
2001	前年と同タイトルに加え沢村賞を受賞
2003	最優秀防御率のタイトルを初めて獲得
2006	第１回WBCで優勝に貢献、MVPに輝く
2007	レッドソックスに入団し15勝。日本人初のMLBワールドシリーズ勝利投手
2009	第２回WBCで優勝し連覇、松坂は連続MVP
2013	クリーブランド・インディアンスから、ニューヨーク・メッツへ移籍
2015	福岡ソフトバンクホークスに入団
2020	古巣の西武に復帰
2021	現役引退

世界に勝ち、世界へ進出

松坂は世界でも勝負強さを発揮した。2006年第１回ワールド・ベースボール・クラシック（WBC）に出場。決勝でキューバと対戦、10－６で初代の世界一に輝き、先発した松坂は大会MVPに選出された。2009年の第２回WBCでは大会最多の３勝をあげ、２大会連続でMVPに選ばれた。

2006年オフにボストン・レッドソックスと契約。メジャー１年目の2007年、松坂は15勝をあげ、日本人初のワールドシリーズ勝利投手となり、チームのシリーズ制覇に貢献。翌2008年は18勝をあげた。

2016年からは日本球界にもどり、2021年シーズンをもって現役を引退した。

2007年、メジャー１年目でワールドシリーズ優勝をはたしたレッドソックスの松坂。

豆知識　松坂の名言： 西武に入団した1999年、４月21日の千葉ロッテマリーンズ戦で黒木知宏と投げあい、０－２で敗北した松坂は直後に「リベンジします」と宣言。４月27日にふたたび黒木と投げあった松坂は宣言どおり１－０で勝ち、みごとにリベンジをはたした。「リベンジ」はその年の流行語大賞に選ばれた。

まだまだいる！ 歴史をつくった選手たち

古田敦也
捕手

野村克也がそだてた強肩強打の名捕手

立命館大学で活躍するもプロ野球から指名されず、トヨタ自動車を経由して1990年にヤクルトに入団。野村克也監督から捕手の英才教育を受け、１年目からレギュラー。２年目には落合博満と競りあい、セ・リーグでは捕手初の首位打者に輝いた。1992年、ヤクルトの14年ぶりのリーグ優勝に貢献。ヤクルトは黄金時代をむかえた。1997年のシーズンと日本シリーズの両MVPは捕手として初。捕手の価値を大きく高めた選手だった。

●おもな実績

1992年 オールスター初のサイクルヒット
1997年 セ・リーグと日本シリーズのMVP
2005年 通算2000安打を達成

高津臣吾
投手

するどいシンカーで日米通算300セーブ

入団３年目の1993年に、おさえに転向。伝家の宝刀であるサイドスローからのシンカーで、守護神として４度の日本一に貢献し、ヤクルトの黄金期を支えた。2003年、史上初の250セーブを記録。2004年からはMLBに挑戦し、シカゴ・ホワイトソックスでいきなり６勝４敗19セーブをあげた。2006年にヤクルトに復帰すると、史上２人目の日米通算300セーブを達成（生涯成績は313セーブ）。2020年からヤクルトの監督をつとめる。

●おもな実績

2003年 ４度目（1994年、1999年、2001年にも獲得）の最優秀救援投手のタイトル獲得
2006年 日米通算300セーブを達成

岡島秀樹
投手

ノールック投法でリリーフエース

ボールをリリースする瞬間に、顔を下に向けるように投げる独特の投法のサウスポー。当初はコントロールが課題で、巨人入団後、矯正がこころみられたが成功しなかった。しかしフォームはそのままでリリースのポイントをつかむと、コントロールは改善しリリーフ投手として成功した。巨人、日本ハムでそれぞれ日本一に貢献。2007年にはボストン・レッドソックスに移籍し、６月には初勝利をあげ、ワールドシリーズにも登板して優勝した。

ロイター＝共同

●おもな実績

2000年 巨人で日本シリーズの胴上げ投手
2006年 日本ハムで日本一に貢献
2007年 レッドソックスでワールドシリーズ優勝

松井稼頭央
内野手

内野手として初のメジャー移籍

高校まで投手で、西武入団後に内野手に転向した。左右の打席で打ちわけるスイッチヒッターにも挑戦し、1997年には初の盗塁王を獲得。チームもリーグ優勝をはたした。走攻守三拍子そろった選手として、翌1998年はシーズンMVPに選出された。2002年にはトリプルスリー（打率３割30本塁打30盗塁）を達成。2004年にニューヨーク・メッツに入団し、内野手初の日本人メジャーリーガーに。2009年には日米通算2000安打を達成している。

●おもな実績

2002年 トリプルスリーを達成
2007年 コロラド・ロッキーズでワールドシリーズに出場
2009年 日米通算2000安打
2015年 NPBでの通算2000安打

井口資仁

内野手

日本一と全米一になった初の日本選手

1997年にダイエーに入団。盗塁王になった2001年ごろから打率がアップし、走攻守三拍子そろった内野手として、２度の日本一の原動力になった。2005年にシカゴ・ホワイトソックスに移籍。正二塁手として活躍すると、チームはワールドシリーズで優勝。井口は日本一と全米一を達成した初の日本人選手となった。2009年にロッテに移籍すると、翌2010年「史上最大の下剋上」とよばれたリーグ３位からの日本一に貢献した。

●おもな実績

2003年 ２度目の盗塁王
2004年 ３度目のベストナインとゴールデン・グラブ賞
2005年 ホワイトソックスでワールドシリーズ優勝
2010年 ロッテで日本一

福留孝介

外野手

45歳まで活躍した熱いスラッガー

中日に入団後、遊撃手から三塁手に転向し、2001年から外野手に転向した。2002年に首位打者のタイトルを獲得すると、以降、中日の主軸として活躍し、チームを３度のリーグ優勝に導き黄金時代を築いた。2006年にはMVPにも輝いている。2008年にシカゴ・カブスに移籍し、開幕戦で同点３ランを放つなど存在感をしめした。2013年から日本球界にもどり阪神でプレー。2016年６月25日には６人目の日米通算2000安打を達成した。

●おもな実績

2002年 首位打者を獲得
2006年 首位打者、MVPに輝く。第１回WBCで優勝に貢献
2019年 令和初、セ・リーグ最年長サヨナラ本塁打を放つ

川﨑宗則

内野手

はつらつプレーの「ムネリン」

俊足と打撃センスのよさで注目され、2000年、ダイエーに入団。2003年、三塁に定着しチームの日本一に貢献した。翌2004年には遊撃手で全試合に出場し、盗塁王と最多安打のタイトルを獲得。2006年には第１回WBC日本代表に選ばれ、正遊撃手として活躍した。イチローの大ファンで、2012年シアトル・マリナーズとマイナー契約してチームメイトになると、開幕メジャー入りをはたした。2016年までメジャーリーグでプレーした。

●おもな実績

2004年 最多盗塁、最多安打に輝く
2006年 第１回WBC日本代表で優勝
２度目のベストナインとゴールデン・グラブ賞
2012年 マリナーズでMLBデビュー

青木宣親

外野手

走攻守そろった安打製造機

ヤクルト入団２年目で当時セ・リーグ初の200安打となる202安打を放ち最多安打、首位打者のタイトルを獲得し新人王に輝いた。2010年にも209安打を放ち、日本のプロ野球で唯一200安打を２回達成。盗塁王、最高出塁率、ゴールデン・グラブ賞など受賞歴多数。

2012年に渡米。2014年、カンザスシティ・ロイヤルズ在籍時代は、ワールドシリーズ進出に貢献した。2018年、ヤクルトに復帰。2021年には悲願の「ヤクルトでの日本一」をなしとげ、2024年､42歳で引退した。

●おもな実績

2005年 首位打者と新人王を獲得
2006年 第１回WBC日本代表で優勝
2009年 第２回WBC日本代表で優勝
2010年 ２度目のシーズン200安打
2021年 日米通算2500安打達成
ヤクルトで日本一

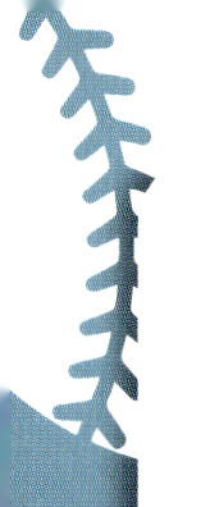

高校野球

高校野球のメッカといえば甲子園。本来は阪神甲子園球場のことをさすが、現在では「夏の甲子園」「春の甲子園」といったように、大会の代名詞になっている。

夏の甲子園

夏の第１回大会は1915年に開催された。当時は「全国中等学校優勝野球大会」という名称で、会場は大阪の豊中グラウンドだった。甲子園球場が会場になったのは、球場が完成した1924年の第10回大会から。そして学制改革により、1948年から現在の「全国高等学校野球選手権大会」という名称にかわった。

沖縄の高校生が初めて甲子園に出場したのは1958年。日本に返還される前のことで、代表だった首里高校の選手たちは、船で沖縄にもどった際に、検疫（有害なものがもちこまれないようにする検査）で甲子園の土を処分させられた。

初めて春夏の甲子園を連覇したのは1962年の作新学院高校（栃木県）。名勝負といえば、1969年の決勝で、松山商業高校（愛媛県）と三沢高校（青森県）が、決勝戦初の引き分け再試合となる死闘をくりひろげた。

夏の優勝旗は深紅で「大深紅旗」とよばれるが、これを初めて北海道にもちかえったのは、2004年の駒澤大学附属苫小牧高校（南北海道）だった。2020年の第102回大会は新型コロナウイルス感染拡大の影響で、春の大会に続いて中止となった。東北地方に初めて優勝旗をもたらしたのは、2022年、宮城県の仙台育英高校である。

高校野球、春の甲子園。

春の甲子園

春の大会の正式名称は、「選抜高等学校野球大会」といい、「センバツ」と称される。大会旗の色は紫紺で、「大紫紺旗」ともよばれる。

夏の大会の出場校は各県内でトーナメント制の予選で決定されるのに対し、センバツは秋季大会の成績を参考に選ばれる。

はじまったのは1924年。会場は山本球場（愛知県名古屋市）で、第２回大会以降、甲子園球場を使用するようになった。1978年には前橋高校（群馬県）の松本稔投手が夏春通じて初の完全試合を達成している。

1995年は、１月に阪神淡路大震災に見舞われ開催が危ぶまれたが、なんとか決行にこぎつけた。しかし2020年の第92回大会は、新型コロナウイルスの影響で中止に追いこまれた。第二次世界大戦で1942年から1946年まで中止になって以来の出来事だった。

甲子園大会は、若い選手たちにとっての大きな目標であると同時に、選手がそだっていくための土壌になっている。甲子園大会から多くのプロ野球選手が誕生するなど、日本の野球の発展のためには欠かせない存在になっている。

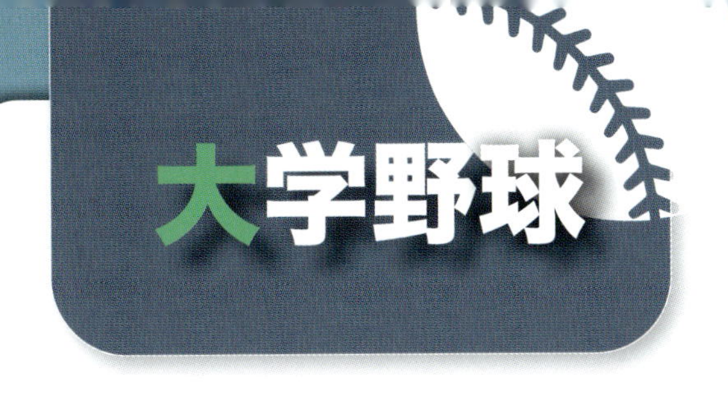

大学野球

日本の野球のはじまりは大学野球。現在ではいくつものリーグ戦がおこなわれている。大学の野球部員数はふえていて、今後は多くの大学生がプロ入りすると考えられる。

日本の野球は学生からはじまった

日本の野球の発展は、学生野球がその基礎を築いてきたといってもよい。野球が日本に伝わったのは1872年で、翌1873年、第一大学区第一番中学（のちの開成学校。現在の東京大学）で実際に試合をおこなった。

1903年には、第１回早慶戦（早稲田大学対慶應義塾大学）が開催された。この対抗戦に明治大学、法政大学、立教大学、東京帝国大学（現在の東京大学）が加わり、1925年に東京六大学野球連盟が発足し、秋からリーグ戦がはじまった。

戦争で中断があったものの、1945年11月18日、神宮球場で戦後初の全早大対全慶大がおこなわれた。翌1946年には各リーグ戦が復活した。

東京六大学野球は長嶋茂雄らを輩出している。

かつて第一大学区第一番中学があった学士会館（東京都千代田区）の敷地内にたつ「日本野球発祥の地」の碑。

大学野球のおもなリーグ

1952年には全日本大学野球連盟が創立され、全日本大学野球選手権大会がはじまった。全日本大学野球連盟には、各地区の26の野球連盟が加盟しており、加盟大学は約370校である。

主要リーグをあげると、東京六大学野球連盟は日本最古の野球リーグで、知名度が高く、多くのプロ野球選手を輩出している。

東都大学野球連盟は東京六大学に対抗して「実力の東都」としても名高い。プロ野球にも即戦力を送りこんでいる。

東都大学リーグから独立した首都大学野球連盟は、原辰徳の母校である東海大学を中心とした実力派だ。

東京新大学野球連盟は茨城、埼玉等の加盟校もかかえる。スポーツを強化して台頭してきた大学が多く、ほかのリーグからも注目を集める。

関西学生野球連盟には、関西大学、関西学院大学など関西地区の伝統校がそろう。

仙台六大学野球連盟は東北福祉大学の佐々木主浩など、これまたプロ野球に出身者が多い。

多くの大学野球リーグでは、春と秋にリーグ戦をおこなう。春季大会の優勝校は６月の全日本大学野球選手権大会に出場できる。また毎年11月に開催される明治神宮野球大会には、秋季大会の優勝校などから11校が参加する。

世界の頂点に輝く日本選手たち

2000年代ごろ～

野球世界一をきめるWBCはじまる

2005年、アメリカのメジャーリーグ機構は、野球世界一決定戦の開催を発表した。大会の名称はワールド・ベースボール・クラシック（WBC）。翌2006年に第１回大会が実施された。だが、アメリカ代表には有力選手の不参加が相次いだ。メジャーリーグ最多記録となる通算762本塁打記録をもつバリー・ボンズ、300勝投手のランディ・ジョンソンなどの大物が出場しなかったのである。日本も当時ニューヨーク・ヤンキースで活躍していた松井秀喜が参加を見送るなど、野球の世界一決定戦としては少しさみしいメンバーでおこなわれた。結果は王貞治監督率いる日本代表がイチローや松坂大輔の活躍でみごと優勝をかざった。だが、アメリカ代表がベスト８で敗退してしまったことで、アメリカ国内ではあまり盛りあがらなかった。

WBCはその後2009年に第２回大会がおこなわれたが、アメリカではニュースにとりあげられることは少なかった。スター選手の不参加と、準決勝敗退が大きな原因だった。いっぽう、日本代表が連覇したことで、日本では注目度がアップした。

2013年の第３回もアメリカが早めに負けてしまったため、現地では盛りあがりに欠けた。

ところが2017年の第４回大会ではそれまで優勝できなかったアメリカが世界一になった。すると、観客動員が100万人を突破し、視聴率もアップ。グッズの売り上げも大幅にふえる。ようやくアメリカ国民がWBCに注目するようになってきたのだ。

第１回WBCで優勝し、胴上げされる王監督。

若い力が台頭し３度目の世界一に

2013年、北海道日本ハムファイターズにすごい選手があらわれた。大谷翔平である。投打の二刀流でデビューし、投手としては13試合に登板して３勝無敗、打者としては打率２割３分８厘、３本塁打、20打点を記録した。翌年以降、さらに前代未聞の活躍を続け、2018年にロサンゼルス・エンゼルスの二刀流選手としてメジャーデビュー。すると投打でベーブ・ルース（→58ページ）以来といわれる活躍を見せる。大谷は「アメリカで大活躍す

第５回WBCで優勝トロフィーをもつ大谷。

る日本人選手」ではなく、「歴史上まれにみる“二刀流”の世界最高選手」になっていった。

日本のプロ野球では千葉ロッテマリーンズの佐々木朗希が2022年、プロ野球史上初となる13者連続奪三振を記録し、最年少の20歳で完全試合を達成する。同じ年、東京ヤクルトスワローズの村上宗隆が史上初の５打席連続本塁打を記録。さらに日本人選手初のシーズン56号本塁打を放ち、史上最年少（22歳）で三冠王となった。日本のプロ野球で、若い天才プレーヤーが次つぎと旋風を巻きおこしたのである。

彼らは2023年WBC第５回大会で「侍ジャパン」として集結した。いっぽう、アメリカ代表は以前とは異なり、マイク・トラウト、ムーキー・ベッツをはじめメジャーリーグで活躍する多くのスター選手が顔をそろえた。侍ジャパンには、大谷、佐々木、村上のほかに、ダルビッシュ有、山本由伸、今永昇太らの投手陣、野手として吉田正尚、岡本和真、牧秀悟など、有力選手が集まった。決勝は日本とアメリカの対決となり、予選ラウンドから全勝で勝ちすすんだ侍ジャパンが世界一に輝いた。

世界のトップで活躍する日本人選手たち

近年のプロ野球やWBCなどの国際試合でわかったことは、日本の野球選手がメジャーリーグの選手たちと肩をならべるレベルに追いついたことだ。

メジャーリーグでは、ロサンゼルス・ドジャースの主力としてMVPに輝いた大谷はもちろんのこと、サンディエゴ・パドレスのダルビッシュは日米通算200勝というすばらしい成績を残している。そして、オールスターでも投げたシカゴ・カブスの今永、日米通算1000安打を達成したボストン・レッドソックスの吉田、ワールドシリーズでも先発してチームの世界一に貢献したドジャースの山本は、今後もおおいに活躍が期待される。

そうした日本人選手を見てみると、大谷やダルビッシュは別格だが、吉田や山本、今永はメジャーリーグでは小柄だ。イチローも体が大きいほうではなかった。彼らが証明しているのは、体格の差を上回る能力や武器、きわだった個性があれば、日本人でもメジャーでじゅうぶんに通用するということだ。

若い佐々木や村上も、これから世界へはばたこうとしている。メジャーリーグのスカウトたちも日本の選手に注目している。今後、日本のトップ選手たちはますます積極的にメジャーリーグに挑戦し、輝かしい成績を残すにちがいない。そんなうれしい時代がやってきた。

のびのあるストレートと多彩な変化球で、メジャーでも最多奪三振

ダルビッシュ有

北海道日本ハムファイターズでは6年連続で2けた勝利、5年連続防御率1点台の安定感。2007年には沢村賞も受賞。メジャー移籍後のテキサス・レンジャーズでは多彩な球種を武器に、1年目から16勝するなどチームに欠かせない存在となった。2年目は日本人2人目となる最多奪三振のタイトルを獲得。日本人初の最多勝にも輝く。オールスターには日本、アメリカともに5回ずつ選出され、メジャーリーグで長年エース級の活躍を続ける。WBCでも大活躍し、侍ジャパンの優勝に貢献。2024年に日米通算200勝を達成した。

日本では敵なしのピッチング

甲子園で活躍後、日本ハムにドラフト1位で入団。初登板の広島東洋カープ戦で、初先発初勝利。2年目の2006年は公式戦10連勝。エースとなったダルビッシュは、2けた勝利をマークしてチームの44年ぶりの日本一に貢献した。2007年には初の開幕投手をつとめ15勝。MVP、最多奪三振、ゴールデン・グラブ賞、ベストナインなどのタイトルを獲得。さらに14年ぶりに全7項目の選考基準を満たして沢村賞を受賞した。

メジャーリーグでいくつもの記録

2012年、テキサス・レンジャーズと契約を結ぶ。初登板の4月9日のシアトル・マリナーズ戦で初勝利。5月には日米通算100勝目をあげ、オールスターに選出された。

1年目は新人の日本人選手史上最多となる16勝をマーク。2年目の2013年にはエース格として13勝をあげ、最多奪三振のタイトルを獲得。その後、ロサンゼルス・ドジャース、シカゴ・カブスを経てサンディエゴ・パドレスに移籍。2021年には移籍1年目ながら開幕投手をつとめ、6月にはメジャー史上最速となる登板197試合目での1500奪三振。2024年5月、日米通算200勝を達成した。

雄たけびをあげるパドレスのダルビッシュ。

ダルビッシュ有

1986	大阪府に生まれる
2005	ドラフト1位で日本ハムに入団
2006	2けた勝利をマークしてチームの日本一に貢献。 2011年まで6年連続2けた勝利
2007	15勝をあげて、MVP、沢村賞、最多奪三振などを獲得。 2011年まで5年連続防御率1点台
2012	レンジャーズに入団
2017	7月にドジャースに移籍し、ワールドシリーズで登板
2018	カブスに移籍
2020	開幕2戦目から7連勝を記録。日本人初の最多勝獲得
2021	パドレスへ移籍し開幕投手をつとめる
2023	8月、日本人メジャーリーガーの通算奪三振の最多記録を更新
2024	5月、日米通算200勝を達成

2度のWBCで侍ジャパンの優勝に貢献

2009年第2回WBCに出場。決勝の韓国戦では延長10回にイチローのタイムリーで勝ちこし。その裏をまかされたのはダルビッシュ。2死一塁、外角へするどくキレるスライダーに打者のバットは空を切り、日本の優勝をきめた。

2023年には第5回WBCに選出される。合宿から合流してチームを盛りたて、精神的支柱となった。1次ラウンドでは3月10日の韓国戦で勝利投手となる。3月16日のイタリア戦では7回から4番手として登場して日本は勝利。3月22日の決勝アメリカ戦では8回から登板。ソロ本塁打を打たれ1点差とされたが後続をしっかりとおさえ、リードしたまま9回を大谷翔平にたくした。大谷が抑え、侍ジャパンは優勝をかざった。

沢村栄治賞（沢村賞）

日本のプロ野球でもっとも活躍した先発完投型投手におくられる賞で1947年に制定された。当初はセ・リーグの投手が対象だったが、1989年からはパ・リーグも対象になった。選考基準は次のとおり。

①登板試合数　25試合以上
②完投試合数　10試合以上
③勝利数　15勝以上
④勝率　6割以上
⑤投球回数　200イニング以上
⑥奪三振　150個以上
⑦防御率　2.50以下

しかし、最近は投手の起用が先発、中継ぎ、抑えという分業方式になり、上の7つの選考基準を満たす投手が生まれにくくなってきた。そこで2018年からは、先発投手が7回以上を投げ自責点3以下に抑える「クオリティースタート」が選考の参考に加えられるようになった。

七色の変化球：ダルビッシュは「七色の変化球」を投げるといわれるが、実際は「7」よりはるかに多い。球種は、スライダー、カーブ、カットボール、フォーシーム、ツーシーム、スプリット、チェンジアップなどさまざまで、同じ球種でも球速をかえるため、20種類近いといわれている。

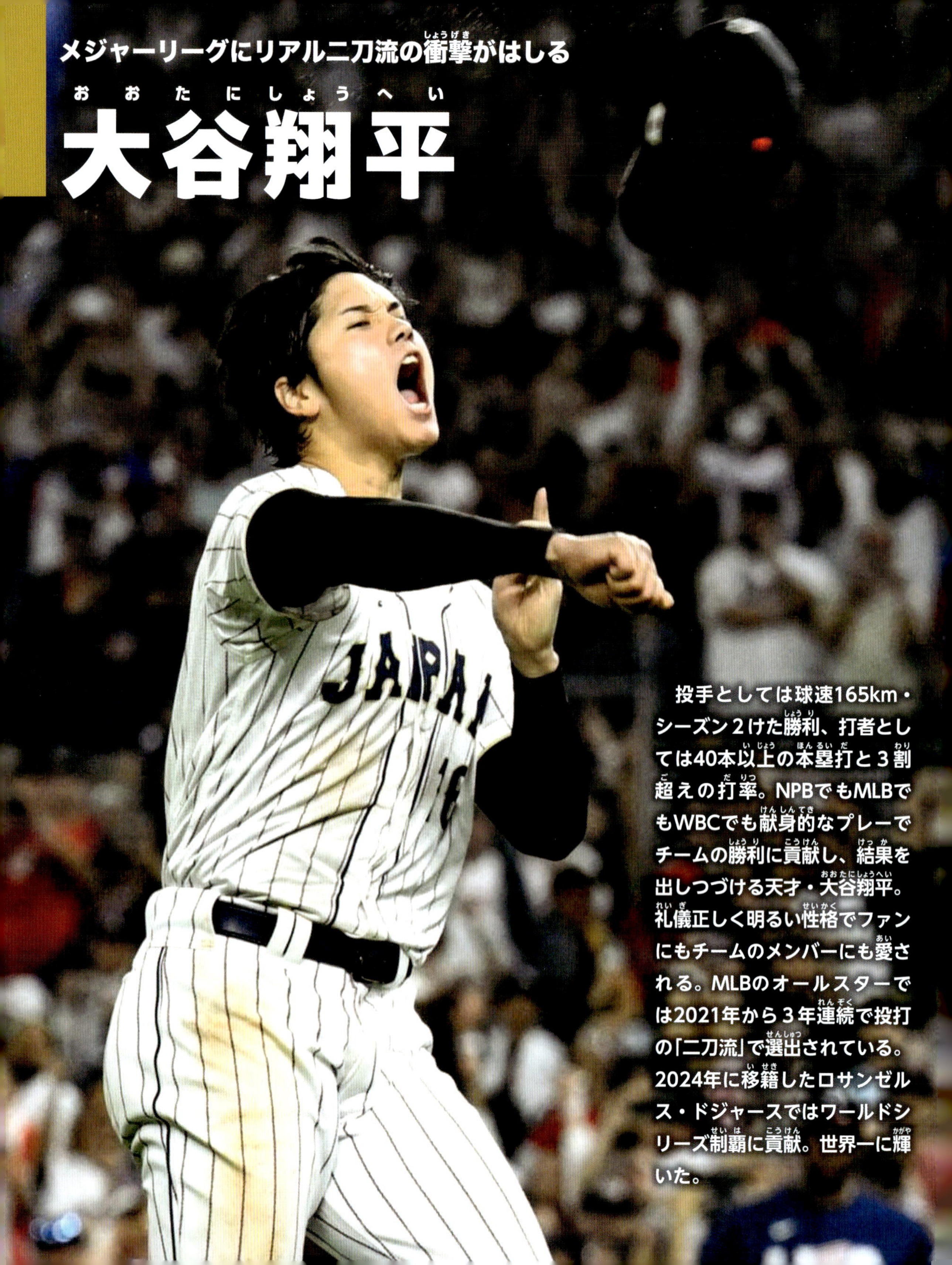

メジャーリーグにリアル二刀流の衝撃がはしる

大谷翔平

投手としては球速165km・シーズン2けた勝利、打者としては40本以上の本塁打と3割超えの打率。NPBでもMLBでもWBCでも献身的なプレーでチームの勝利に貢献し、結果を出しつづける天才・大谷翔平。礼儀正しく明るい性格でファンにもチームのメンバーにも愛される。MLBのオールスターでは2021年から3年連続で投打の「二刀流」で選出されている。2024年に移籍したロサンゼルス・ドジャースではワールドシリーズ制覇に貢献。世界一に輝いた。

二刀流・大谷翔平の誕生

高校を卒業してすぐにメジャーリーグに挑戦するつもりでいた大谷翔平を、ドラフト会議で北海道日本ハムファイターズが指名。栗山英樹監督は、投手と打者の「二刀流」を大谷に提案した。「人にできないことをやりたい」と語る大谷は、その提案にのった。入団２年目の2014年には、投手として11勝・打者として10本塁打で、NPB史上初の「２けた勝利・２けた本塁打」を記録。３年目の2015年には投手三冠（最多勝、最優秀防御率、最高勝率）を獲得する。2016年には投手と打者の指名打者の両方でパ・リーグのベストナインを受賞。このダブル受賞は史上初。さらに、パ・リーグMVPにも選出された。

MLBア・リーグのMVPに選出される

2017年12月、大谷のロサンゼルス・エンゼルスへの移籍が決定。2018年の開幕戦では初打席初安打を記録した。この年、二刀流として出場し、打者としては104試合に出場して打率２割８分５厘、22本塁打。投手としては10試合に登板して４勝２敗。2021年のシーズンは打者として46本塁打、投手では９勝２敗、ア・リーグのMVPに満票で選出された。2022年８月には、日米通算1000奪三振を達成して10勝目をマーク。1918年のベーブ・ルース以来、104年ぶりの２けた勝利・２けた本塁打を達成した。さらに最終戦でも投打で史上初の規定投球回と規定打席数のダブル規定到達をはたした。2023年シーズンには、アジア人初となる本塁打王と２回目のシーズンMVPを受賞。またメジャー史上初となる２年連続の２けた勝利・２けた本塁打という快挙を達成した。

大谷翔平

1994	岩手県に生まれる
2013	日本ハムに入団
2014	NPB史上初の「２けた勝利・２けた本塁打」
2015	投手三冠を獲得
2016	投打“リアル二刀流”で、NPB史上初、投手とDHの２部門でベストナイン、リーグMVPに選出
2017	エンゼルスへの移籍が決定
2018	二刀流の活躍で、新人王に輝く
2019	106試合に出場し打率２割８分６厘、18本塁打を記録
2021	投打で活躍、ア・リーグのMVPに輝く
2022	日米通算1000奪三振。104年ぶりの２けた勝利・２けた本塁打
2023	WBCで日本代表の優勝に大きく貢献
2024	ドジャースへ移籍
	ワールドシリーズで世界一。MVP受賞

念願の世界一を達成した

2024年にドジャースに移籍する。前年に右ひじの手術を受けたため打者に専念。54本塁打、130打点で、ナ・リーグの本塁打王と打点王のタイトルを獲得した。また、MLB史上初の「50盗塁・50本塁打」を達成し、記録を59盗塁・54本塁打にのばした。さらに、MLB通算本塁打数を225として、アジア出身選手最多を記録。ドジャースはリーグ優勝し、ワールドシリーズでニューヨーク・ヤンキースを制してみごと世界一に。自身も３回目となる満票でのMVPを受賞した。

ドジャースタジアムでおこなわれた優勝報告会直後。妻・真美子さんと愛犬デコピンといっしょに。

あこがれるのをやめましょう

2023年のWBC、３月21日の決勝は前回王者・アメリカとの対戦となった。試合前、ロッカールームで大谷は、「あこがれるのをやめましょう」とチームメイトに説く。相手チームには有名選手がそろっているが、「あこがれてしまっては超えられないので、今日一日だけはあこがれを捨てて……勝つことだけを考えていきましょう」と続けた。これを大谷はみずからやってみせた。９回３－２と１点リードでマウンドに上がる。最後の打者はアメリカの主将、強打者マイク・トラウト。フルカウントからの空振り三振で、日本は14年ぶりの世界一になった。

豆知識 **大谷ルール：**大谷の活躍によって、MLBでは「投手」「野手」に加え、「Two-Way Player（二刀流選手）」という選手区分が誕生。また、先発投手が降板後も、そのまま指名打者として出場することが可能になった。アメリカのメディアはこれらを「大谷ルール」とよんだ。

最年少で完全試合、底知れない可能性を秘める令和の怪物

佐々木朗希

高校時代に最速163kmをマークし、大谷翔平を超える速球のもち主として注目を集めた。3年生の夏の甲子園岩手県予選決勝では故障を防ぐため登板回避するなど、指導者たちはこの「令和の怪物」を大切にそだてた。その成果もあって千葉ロッテマリーンズ入団後の2022年には完全試合を達成。2023年WBCの優勝メンバーの一員にもなった。2024年オフにはメジャー挑戦を表明。ついにメジャーの佐々木朗希が見られる。

高校3年で163 km、甲子園をめざすも県大会決勝は登板回避

2017年、大船渡高校（岩手県）１年夏の県大会で190cmの長身から投げおろす球速が147kmをマークして注目される。２年夏には154 km、その秋には157 kmとスピードは増し、３年の４月６日にはついに高校時代の大谷翔平の160 kmを上回る163kmを計測した。このころから「令和の怪物」として、その名が全国に知れわたることになる。

大船渡高校の國保陽平監督（当時）は佐々木の体を気づかい、セーブしながら起用していた。2019年、３年夏の県大会は佐々木の好投で勝ちすすんだが、花巻東高校との決勝戦に、監督は佐々木を登板させなかった。大船渡は２－12でやぶれ、甲子園出場はならなかった。

記録づくめ、20歳5か月での完全試合

2019年のドラフト会議で４球団が１位で競合したすえ、ロッテに入団。２年目の2021年５月に一軍での初登板をはたす。２度目の先発となった５月27日の阪神タイガース戦で、５回４失点ながらプロ初勝利をあげた。

2022年からは開幕から先発ローテーション入りし、４月10日のオリックス・バファローズ戦で完全試合を達成。この試合では「13者連続三振（プロ野球新記録であり世界記録）」「史上最年少完全試合（20歳５か月）」「毎回奪三振」を記録。１試合19奪三振で、投球数は105球、28年ぶり史上16人目の完全試合だった。

佐々木朗希

2001	岩手県に生まれる
2019	球速163kmを計測し「令和の怪物」とよばれる
2020	ロッテに入団
2021	５月27日、阪神戦で初勝利
2022	４月10日、史上最年少で完全試合を達成
2023	WBCに出場し優勝に貢献
2025	ロサンゼルス・ドジャースへ移籍

史上16人目の完全試合を達成。

2023年、ダルビッシュ有（左）とともに笑顔でWBCのメダルをかかげる。

完全試合達成者

「完全試合」とは、先発投手が無安打、無四死球、無失策で相手チームの打者を一度も出塁させずに完投して勝利する試合のこと。

NPBで初めての完全試合は、1950年６月28日に藤本英雄（巨人）が達成した。パ・リーグ初の完全試合は、1955年６月19日の武智文雄（近鉄）によるもの。平成唯一の完全試合は、1994年５月18日に槙原寛己（巨人）が広島戦で達成した。佐々木朗希の完全試合は21世紀初となる。

歴代達成者は表の通り。

	選手名	所属球団	達成年		選手名	所属球団	達成年
1	藤本英雄	巨人	1950	9	田中 勉	西鉄	1966
2	武智文雄	近鉄	1955	10	外木場義郎	広島	1968
3	宮地惟友	国鉄	1956	11	佐々木宏一郎	近鉄	1970
4	金田正一	国鉄	1957	12	高橋善正	東映	1971
5	西村貞朗	西鉄	1958	13	八木沢荘六	ロッテ	1973
6	島田源太郎	大洋	1960	14	今井雄太郎	阪急	1978
7	森滝義巳	国鉄	1961	15	槙原寛己	巨人	1994
8	佐々木吉郎	大洋	1966	**16**	**佐々木朗希**	**ロッテ**	**2022**

死球でお菓子：2023年のWBCチェコ戦で、佐々木は打者ウィリー・エスカラの左膝に162kmの死球を当ててしまった。膝をおさえてたおれるエスカラに帽子をとって謝罪。さらにロッテのお菓子をもってチェコチームのホテルをおとずれ、エスカラに直接わたした。佐々木の誠実な行動は話題になった。

まだまだいる！ 歴史をつくった選手たち

田中将大
シーズン24勝無敗の絶対的エース

投手

高校３年の夏の甲子園決勝で、早稲田実業学校（東京都）の斎藤佑樹と引き分け再試合を投げあい感動をよんだ。楽天入団後は１年目で新人王を獲得。ハラハラする試合展開でも勝ち星がつく活躍ぶりに、野村克也監督は「マー君、神の子、不思議な子」といった。2013年には24連勝（０敗）のプロ野球新記録で、２度目の沢村賞を獲得。2014年、ニューヨーク・ヤンキースへ移籍。１年目から13勝をあげ、2019年まで２けた勝利を続けた。楽天に復帰後、2025年に巨人に移籍。

●おもな実績

2007年 11勝で新人王を獲得

2011年 最多勝、沢村賞を獲得

2013年 １シーズン24連勝のプロ野球新記録。最多勝、沢村賞、MVPを獲得

前田健太
先発もリリーフもMLBでフル回転

投手

広島に入団４年目の2010年、最多勝、最優秀防御率、最多奪三振の投手三冠をマークし、沢村賞を受賞した。2015年まで連続２けた勝利と安定感抜群のエース。2016年にはロサンゼルス・ドジャースに移籍。１年目から16勝、２年目も13勝をあげ、ポストシーズンにはリリーフとして活躍しワールドシリーズ進出に貢献する。2018年ごろからレギュラーシーズンでも先発とリリーフをこなし、2020年にはメジャー通算50勝と日米通算150勝を達成した。

●おもな実績

2010年 投手三冠で沢村賞を受賞

2012年 ４月６日、ノーヒットノーラン達成

2015年 ２度目の沢村賞を受賞

2020年 メジャー通算50勝を達成

菊池雄星
球界を代表する進化するサウスポー

投手

2016年、西武で初の開幕投手をつとめ12勝をあげる。翌2017年はNPB左腕の最速となる158kmをマーク。16勝で最多勝と最優秀防御率の二冠に輝いた。2018年は14勝をあげ、西武を10年ぶりのリーグ優勝へと導いた。MLBに移籍した2019年、東京ドームでの開幕シリーズでメジャー初登板。2023年はメジャー移籍後初となる２けた勝利（11勝）をあげ、日米通算100勝を達成した。2025年ロサンゼルス・エンゼルスへ移籍。

●おもな実績

2017年 最多勝と最優秀防御率を獲得
最優秀バッテリー賞（炭谷銀仁朗と）受賞

2021年 MLBオールスターゲームへ初選出

2023年 日米通算100勝を達成

千賀滉大
メジャーでも絶賛「お化けフォーク」

投手

2011年にソフトバンク入り。2012年一軍デビュー。2013年からリリーフとして頭角をあらわす。150km超のストレートと大きく落ちる「お化けフォーク」を武器に、2016年から先発に定着。2017年WBCではベストナインに選出された。同年、最高勝率の初タイトルも獲得した。2020年は投手三冠を獲得。2023年にニューヨーク・メッツ入りし、１年目からチーム最多の12勝。2024年にはリーグチャンピオンシップで大谷翔平と対決した。

●おもな実績

2019年 ９月６日、ノーヒットノーラン達成

2020年 最多勝、最優秀防御率、最多奪三振、ベストナイン、ゴールデン・グラブ賞を受賞

2021年 東京オリンピック 金メダル

2024年 メッツでリーグチャンピオンシップ進出

鈴木誠也

「神ってる」から日本の4番へ

外野手

広島に入団した4年目の2016年に、2試合連続でサヨナラ本塁打を放ち、監督が「神ってる」と発言。2017年から4番打者としてチームをけん引し、2018年はリーグ3連覇をはたす。2019年は首位打者と最高出塁率という初のタイトルを手にした。2021年には6年連続で打率3割と25本塁打を記録。その年の東京オリンピックでは4番打者として金メダルに大きく貢献した。2022年シーズンからシカゴ・カブスに所属。2023年には日本人右打者として初の20本塁打をクリアした。

おもな実績

2021年 東京オリンピック 金メダル
2度目の首位打者と最高出塁率に輝く
6年連続ベストナイン。5度目のゴールデン・グラブ賞

吉田正尚

小柄でも非凡、抜群なミート力

外野手

オリックスの入団1年目の2016年から開幕スタメンに名をつらね、6試合連続安打をマーク。故障が多かったが、2018年には念願の全試合出場をはたす。この年から5年連続でベストナインに輝いた。2021年は東京オリンピック日本代表としても活躍し、2年連続の首位打者にもなった。2022年は6年連続で3割をマークし、チームの日本一に貢献した。2023年からはボストン・レッドソックスで活躍、日米通算1000安打を達成した。

おもな実績

2020年 首位打者を獲得
2021年 首位打者、最高出塁率を獲得
2023年 WBC準決勝で起死回生の3ラン。優勝に貢献
日米通算1000安打達成

山本由伸

柔と剛をあわせもつ日本球界の若きエース

投手

2017年、オリックスで初登板。2019年には最優秀防御率を獲得。2020年は最多奪三振に輝いた。2021年からは、オリックスリーグ3連覇の立役者に。2年連続のノーヒットノーラン、史上初の3年連続投手四冠など、大エースに成長。2024年、ロサンゼルス・ドジャースに移籍し、チームはリーグ優勝。ワールドシリーズでは第2戦に先発登板して強力ニューヨーク・ヤンキース打線を7回途中1安打1失点の好投でおさえ、勝利投手に。チームは世界一になった。

おもな実績

2021年 この年から3年連続で、MVP、沢村賞、投手四冠
(防御率、勝利数、勝率、奪三振)
2022年 6月18日、ノーヒットノーラン達成
2023年 9月9日、ノーヒットノーラン達成

村上宗隆

最多本塁打記録をもつ最年少三冠王

内野手

ヤクルト入団2年目の2019年に36本塁打をマークして新人王に選ばれた。2021年の東京オリンピックでは金メダル獲得に貢献。チームでも初の本塁打王と、ヤクルト優勝の原動力となりMVPにも選ばれた。2022年は令和初、史上最年少となる22歳での三冠王に輝く。最終戦で56号ホームランを打ち、王貞治を抜いて日本選手シーズン最多記録もつくった。2023年のWBCでは不振にあえぎながらも、準決勝で劇的なサヨナラヒットを放った。

おもな実績

2020年 最高出塁率、ベストナイン獲得
2021年 MVP、最多本塁打、ベストナイン獲得
2022年 史上初の5打席連続本塁打。最高出塁率、三冠王、
ベストナイン、MVPに輝く

WBC

プロが参加し真の野球世界一をきめる大会として、メジャーリーグベースボール（MLB）機構とMLB選手会が立ちあげた大会。正式名称は「ワールド・ベースボール・クラシック」である。

○第１回大会（2006年）

第２ラウンドのアメリカ戦で、「世紀の誤審」によりサヨナラ負けを喫したが、準決勝に進出。連敗していた韓国を３度目の対戦でやぶり、決勝でキューバに勝利。日本が優勝をかざった。

○第２回大会（2009年）

MLBから松坂大輔、イチローも出場。第２ラウンドで韓国にやぶれたが、敗者復活戦から決勝に進むと相手はまた韓国。延長10回、イチローのタイムリーで勝ちこし。最後はダルビッシュ有がおさえて日本が優勝。

○第３回大会（2013年）

2012年からは「侍ジャパン」の呼称を正式に使うようになる。MLB選手なしで３連覇をめざしたが、準決勝でプエルトリコにやぶれ、ベスト４止まりだった。優勝はドミニカ共和国。

○第４回大会（2017年）

MLBから青木宣親が出場したが、準決勝でアメリカにやぶれてベスト４。アメリカが初優勝した。

○第５回大会（2023年）

2021年の開催予定がコロナ禍で２年延期された。MLBからダルビッシュ有、大谷翔平、吉田正尚らを招集。決勝では史上最強の日本とアメリカが激突。９回裏２アウトで、投手・大谷翔平がマイク・トラウトを空振り三振に打ちとり、日本が劇的な優勝を飾った。

2023年大会で優勝メダルを授与されたあとの大谷、栗山監督たち侍ジャパンのメンバー。

●WBC日本代表の順位とおもなメンバー●

回	年	順位	監督	投手	捕手	内野手	外野手
1	2006	優勝	王 貞治	松坂大輔、上原浩治、和田 毅、藤川球児ほか	里崎智也、谷繁元信ほか	松中信彦、岩村明憲、西岡 剛、小笠原道大ほか	福留孝介、イチロー、青木宣親ほか
2	2009	優勝	原 辰徳	松坂大輔、ダルビッシュ有、岩隈久志、涌井秀章、杉内俊哉ほか	城島健司、阿部慎之助ほか	小笠原道大、中島裕之、岩村明憲、川﨑宗則ほか	福留孝介、稲葉篤紀、イチロー、青木宣親ほか
3	2013	ベスト４	山本浩二	涌井秀章、田中将大、杉内俊哉、前田健太ほか	阿部慎之助、炭谷銀仁朗ほか	鳥谷 敬、井端弘和、坂本勇人、稲葉篤紀ほか	長野久義、内川聖一、中田 翔、糸井嘉男ほか
4	2017	ベスト４	小久保裕紀	菅野智之、則本昂大、千賀滉大、松井裕樹ほか	炭谷銀仁朗、小林誠司ほか	松田宣浩、坂本勇人、山田哲人、菊池涼介ほか	青木宣親、内川聖一、筒香嘉智、鈴木誠也ほか
5	2023	優勝	栗山英樹	大谷翔平、ダルビッシュ有、山本由伸、佐々木朗希ほか	甲斐拓也、中村悠平ほか	山田哲人、源田壮亮、牧 秀悟、岡本和真、村上宗隆ほか	吉田正尚、近藤健介、ラーズ・ヌートバーほか

オリンピックの野球

オリンピックの野球は1984年ロサンゼルス大会、1988年ソウル大会は公開競技だった。日本はそれぞれ金メダルと銀メダルを獲得。正式競技になったのは1992年バルセロナ大会からだ。

● 正式競技として採用 ●

1992年のバルセロナ大会の日本代表は銅メダルを獲得。1996年のアトランタ大会では銀メダルを獲得したが、このときまでは全員アマチュア選手でのぞんでいた。1998年から国際大会へのプロ選手の参加がみとめられるようになり、2000年のシドニー大会で日本はプロアマ合同チームを組んだが、４位。2004年アテネ大会では、監督に長嶋茂雄を起用したが病気で中畑清に交代。オールプロでのぞみ、銅メダルを獲得した。2008年北京大会では、星野仙一が監督をつとめたが４位だった。

● 正式競技から除外、復活して金メダル ●

北京大会が終わると、野球は世界的な普及率が低いこと、女性の同一競技がないという理由で正式競技から除外された。そのため、2012年ロンドン大会と2016年リオデジャネイロ大会では実施されなかった。だが、2021年の東京大会で野球は復活。稲葉篤紀監督が日本代表チームを率いて、悲願の金メダルをつかんだ。2024年パリ大会で野球は採用されなかったが、2028年ロサンゼルス大会では実施がきまっている。

● オリンピック日本代表の順位とおもなメンバー ●

年	大会	順位	監督	投手	捕手	内野手	外野手
1992	バルセロナ	3位	山中正竹	伊藤智仁、杉浦正則、西山一宇ほか	高見泰範、三輪 隆	徳永耕治、大島公一、小久保裕紀ほか	中本 浩、佐藤真一、坂口裕之ほか
1996	アトランタ	2位	川島勝司	杉浦正則、川村丈夫、三澤興一ほか	大久保秀昭ほか	福留孝介、松中信彦、井口忠仁、今岡 誠ほか	谷 佳知、高林孝行、西郷泰之ほか
2000	シドニー	4位	大田垣耕造	黒木知宏、杉内俊哉、石川雅規、松坂大輔ほか	鈴木郁洋、阿部慎之助ほか	松中信彦、中村紀洋、田中幸雄ほか	田口 壮、赤星憲広、廣瀬 純ほか
2004	アテネ	3位	中畑 清	黒田博樹、三浦大輔、松坂大輔、上原浩治ほか	城島健司、相川亮二	小笠原道大、中村紀洋、宮本慎也ほか	福留孝介、谷 佳知、高橋由伸ほか
2008	北京	4位	星野仙一	岩瀬仁紀、田中将大、涌井秀章、ダルビッシュ有ほか	阿部慎之助、里崎智也ほか	宮本慎也、村田修一、川﨑宗則ほか	青木宣親、稲葉篤紀ほか
2021	東京	優勝	稲葉篤紀	千賀滉大、田中将大、森下暢仁、山本由伸ほか	甲斐拓也、梅野隆太郎	山田哲人、菊池涼介、坂本勇人、村上宗隆ほか	柳田悠岐、吉田正尚、鈴木誠也ほか

2021年におこなわれた東京大会で優勝した侍ジャパン。

野球の歴史をつくった海外の選手たち

サイ・ヤング

■1867年生まれ～1955年没　■投手

驚異の511勝、球史にのこる偉大な投手

通算勝利、通算敗戦、通算先発、通算投球回など、数かずのメジャー記録をもつ大投手。「サイ」は愛称で、速球が「サイクロン（暴風）」のようにうなりをあげたとされている。44歳で引退するまで歴代最多の511勝。20勝以上の年が15回あり、そのうち５回は30勝以上。先発・完投があたりまえの時代に驚異的な数字だ。彼の栄誉をたたえ、1956年から「サイ・ヤング賞」が制定され、もっとも活躍した投手を選出し表彰している。

1901年 投手三冠（勝利数、防御率、奪三振数）
1904年 ５月５日、完全試合を達成
1908年 ６月30日、３度目のノーヒットノーラン

タイ・カッブ

■1886年生まれ～1961年没　■外野手

野球殿堂入り第１号の伝説的野球人

通算打率３割６分７厘の歴代最高記録をもつ。20世紀初頭の「デッドボール時代（飛ばないボールの時代）」に、グリップエンド（握り部分）が根元に近づくにつれて太くなる独特の形状のバットを使用。当てることを重視した独特のフォームで活躍した。1907年から1915年まで９年連続で首位打者を獲得。1909年には首位打者、本塁打王、打点王、最多安打、盗塁王と、打撃の全タイトルを獲得している。また３度も４割打者になり、「球聖」とよばれた。

1907年 史上最年少の20歳（当時）で首位打者
1909年 MLB史上唯一、打撃の全タイトルを制覇
1936年 野球殿堂入り第１号

ベーブ・ルース

■1895年生まれ～1948年没　■投手／外野手

20世紀初頭の偉大な「野球の神様」

ベーブは愛称で、「赤ん坊」の意味。親しみやすいその童顔からきている。ボストン・レッドソックスで1914年に投手としてデビュー。打者としても活躍し、二刀流で実績を残した。1920年にニューヨーク・ヤンキースに移籍してからは、打者に専念するようになった。本塁打王12回はいまだにやぶられていない。1935年に引退するまで、94勝をあげ本塁打は714本。圧倒的な打撃力をほこった。日米野球で1934年に来日したときは「野球の神様」とよばれた。

1918年 投手として13勝、打者として11本塁打の「２けた勝利、２けた本塁打」を記録
1927年 60本塁打を放つ
1935年 714本塁打と94勝の生涯成績で引退

ルー・ゲーリッグ

■1903年生まれ～1941年没　■内野手

2130試合連続出場、史上最高の一塁手

連続出場2130試合という記録をもち、「鉄の馬」とよばれた（1995年にカル・リプケン・ジュニアが更新）。チームメイトでライバルでもあったベーブ・ルースとニューヨーク・ヤンキースの黄金時代を築いた。しかし1938年、体調に異変がおき、翌1939年、みずから欠場を決断した。筋萎縮性側索硬化症（ALS）と診断され、同年7月4日、引退セレモニーをおこなう。MLBは2021年、ゲーリッグが亡くなった6月2日を「ルー・ゲーリッグ・デー」と制定した。

1934年 ア・リーグ打撃三冠王
1939年 2130試合連続出場達成
背番号４はMLB史上初の永久欠番（ヤンキース）

サチェル・ペイジ

■1906年生まれ～1982年没　■投手

ニグロリーグで活躍した傑出した名投手

1947年、ジャッキー・ロビンソンが人種の壁を超え28歳でブルックリン（現在のロサンゼルス）・ドジャースと契約したとき、ペイジは40歳だった。ニグロ（黒人）リーグで大活躍し、剛速球と正確なコントロールで積みあげた勝利は2000勝という伝説がある。1948年、MLB史上最高齢の42歳の新人投手としてクリーブランド・インディアンス（現在のガーディアンズ）に入団。６勝をあげリーグ優勝に貢献した。メジャー最終登板は1965年９月で59歳。最年長登板記録とされている。

1948年 インディアンスに入団
1965年 公式戦最年長登板記録となる59歳で、MLB最後の登板

ジョー・ディマジオ

■1914年生まれ～1999年没　■外野手

球界を代表するけたはずれの強打者

1936年にニューヨーク・ヤンキースからデビュー。1939年に初のMVPと首位打者を獲得し、ベーブ・ルースとルー・ゲーリッグ２人分の穴をうめてみせた。絶妙なバットコントロール、華麗なグラブさばき、俊足で「ヤンキー・クリッパー（高速艇）」のニックネームがつく。1941年には56試合連続安打のMLB記録をつくった。ヤンキース一筋で、９度のワールドシリーズ制覇に大きく貢献。1951年に引退後、背番号５は永久欠番となった。

1936年 この年からワールドシリーズ４連覇
1939年 初のMVPと首位打者を獲得
1941年 56試合連続安打のMLB記録

ジャッキー・ロビンソン

■1919年生まれ〜1972年没　■内野手

人種差別の壁を最初にやぶったヒーロー

1945年、ニグロ（黒人）リーグに入団。1947年、ブルックリン（現在のロサンゼルス）・ドジャースのブランチ・リッキー会長が「差別されてもやりかえさない勇気をもて」と説得し、４月15日にメジャーデビュー。近代MLB史上初の黒人選手となった。差別を受けながらも、1949年にナ・リーグMVPを受賞し、チームをリーグ優勝６回、ワールドシリーズ制覇にも導いた。彼の功績をたたえ1997年４月15日、背番号42は全球団の永久欠番になった。

1947年 ４月15日、メジャーデビュー
1949年 この年から６年連続でオールスターゲーム出場
1997年 ４月15日、「背番号42」が全球団の永久欠番となった

ハンク・アーロン

■1934年生まれ〜2021年没　■外野手

ベーブ・ルースを超えた偉大なレジェンド

破壊的な打撃力から愛称はハンマー。1974年４月８日、通算715号本塁打を放ち、ベーブ・ルースの記録を更新した。その記録にせまった前年、人種差別主義者から脅迫を受けたという。それでもひるまず、多くの人に感動や希望をあたえた功績をたたえ、MLBではシーズンでもっとも活躍した打者にハンク・アーロン賞をおくっている。通算本塁打数は755本。2007年にバリー・ボンズに抜かれるまで通算本塁打王に君臨した。通算2297打点は歴代１位。

1974年 ４月８日、715号本塁打を放ち、ベーブ・ルースの記録714本をぬりかえた
1999年 ハンク・アーロン賞が創設される

ノーラン・ライアン

■1947年生まれ〜　■投手

奪三振王は「超特急」

通算5714奪三振は歴代１位。その快速球は「カリフォルニア・エクスプレス（超特急）」とよばれた。ノーヒットノーランを史上最多の７度も記録している。最後のノーヒットノーランは44歳で達成。46歳まで現役だった。驚異の奪三振率をほこる史上最高の速球投手だが、サイ・ヤング賞の受賞はない。通算勝利数は324。背番号はエンゼルス（30番）、アストロズ、レンジャーズ（いずれも34番）の３球団で永久欠番になっている。

1972年 初の最多奪三振を獲得
1973年 年間２度のノーヒットノーランを達成
1976年 この年から４年連続で最多奪三振

ランディ・ジョンソン

■1963年生まれ～　■投手

サイ・ヤング賞5回、長身サウスポー

208cmの長身から投げおろし、「ビッグユニット（大きな物体）」とよばれた左腕。長いリーチからくりだす剛速球とスライダーを武器とした。1989年から1998年まではシアトル・マリナーズに在籍し、ケン・グリフィー・ジュニアとともに、弱小球団だったチームのイメージを一新した。46歳で現役引退するまで、最多奪三振のタイトルを9回獲得し、通算4875奪三振は歴代2位。通算勝利は303勝。サイ・ヤング賞を5度受賞。2015年に野球殿堂入り。

1990年 マリナーズ史上初のノーヒットノーランを達成
2009年 史上24人目の300勝を達成

ロイター＝共同

ケン・グリフィー・ジュニア

■1969年生まれ～　■外野手、指名打者

イチローあこがれのスーパースター

1987年、シアトル・マリナーズに入団。父ケン・グリフィー・シニアは当時現役で、1990年9月14日には、史上初めて親子のアベック本塁打を放った。美しい打撃フォームと圧倒的な守備力をほこり、1990年から10年連続でゴールドグラブ賞を受賞。1997年は本塁打王と打点王を獲得し、初のMVPに輝いた。イチローのあこがれの選手であり、2000年に移籍したが2009年に復帰し、チームメイトになった。通算本塁打数は630本。

1997年 この年から3年連続で本塁打王
1999年 オールセンチュリーチーム（20世紀に活躍した選手）に現役ながら選出

デレク・ジーター

■1974年生まれ～　■内野手

たよれるキャプテン、ミスター・ヤンキース

MLBの伝説的スター選手の一人。ニューヨーク・ヤンキース一筋でプレーし、第15代主将。強烈なキャプテンシー、華麗なショートの守備、選球眼がよく高い出塁率をほこる俊足の打者で、勝負強い。ファンは敬意をこめて彼を「ザ・キャプテン」「ミスター・ヤンキース」とよんだ。とくにポストシーズンに強く、チームを5度もワールドシリーズ優勝に導いている。年間200安打を8回達成し、通算安打数は歴代6位の3465本。

1996年 17試合連続安打など活躍し新人王
2004年 この年から3年連続でゴールドグラブ賞受賞
2009年 5度目のワールドシリーズ制覇

日本人選手のメジャー挑戦

メジャーリーグ（MLB）のロゴマーク。

メジャーリーグはアメリカとカナダの30チームで構成されている。ナショナル・リーグ（ナ・リーグ）とアメリカン・リーグ（ア・リーグ）という２つのリーグにそれぞれ15チームが所属する。

日本からは1964年の村上雅則以降、2024年までの60年間で70人以上の選手がメジャーリーグデビューをはたしている。

おもな選手のデビュー年と球団は以下のとおり。

Javier Rojas/PI via ZUMA Press Wire/共同通信イメージズ

2024年のワールドチャンピオンになり、よろこぶロサンゼルス・ドジャースのメンバー。中央は大谷翔平。

おもな選手のデビュー年と球団

年	選手名	ポジション	デビューした球団
1964	村上雅則	投手	サンフランシスコ・ジャイアンツ
1995	野茂英雄	投手	ロサンゼルス・ドジャース
2000	佐々木主浩	投手	シアトル・マリナーズ
2001	イチロー	外野手	シアトル・マリナーズ
2002	石井一久	投手	ロサンゼルス・ドジャース
2003	松井秀喜	外野手	ニューヨーク・ヤンキース
2004	松井稼頭央	内野手	ニューヨーク・メッツ
2005	井口資仁	内野手	シカゴ・ホワイトソックス
2006	斎藤 隆	投手	ロサンゼルス・ドジャース
2006	城島健司	捕手	シアトル・マリナーズ
2007	松坂大輔	投手	ボストン・レッドソックス
2008	黒田博樹	投手	ロサンゼルス・ドジャース
2009	上原浩治	投手	ボルティモア・オリオールズ
2012	岩隈久志	投手	シアトル・マリナーズ

年	選手名	ポジション	デビューした球団
2012	青木宣親	外野手	ミルウォーキー・ブリュワーズ
2012	川﨑宗則	内野手	シアトル・マリナーズ
2012	ダルビッシュ有	投手	テキサス・レンジャーズ
2014	田中将大	投手	ニューヨーク・ヤンキース
2016	前田健太	投手	ロサンゼルス・ドジャース
2018	大谷翔平	投手・指名打者	ロサンゼルス・エンゼルス
2019	菊池雄星	投手	シアトル・マリナーズ
2022	鈴木誠也	外野手	シカゴ・カブス
2023	吉田正尚	外野手	ボストン・レッドソックス
2023	千賀滉大	投手	ニューヨーク・メッツ
2024	松井裕樹	投手	サンディエゴ・パドレス
2024	山本由伸	投手	ロサンゼルス・ドジャース
2024	今永昇太	投手	シカゴ・カブス

さくいん

人名さくいん

用語さくいん

監修

佐野 慎輔（さの しんすけ）

1954年、富山県生まれ。産経新聞社スポーツ記者として野球15年、オリンピック15年担当。編集局次長兼運動部長、取締役サンケイスポーツ代表、特別記者兼論説委員などを歴任し、2019年退社。2020年から尚美学園大学教授として教壇に立ち、産経新聞客員論説委員、笹川スポーツ財団理事、日本スポーツフェアネス推進機構体制審議委員などを務める。近著に『西武ライオンズ創世記』（ベ―スボール・マガジン社）、『嘉納治五郎』『中村裕』（小峰書店）など。近共著に『スポーツの現在地を考える』『地域スポーツ政策を問う』（ベースボール・マガジン社）、『スポーツとスポーツ政策』『オールアバウト・ベースボール』（創文企画）、『2020＋1東京大会を考える』（メディアパル）など。

アスリートでたどる ジャパンスポーツ❶
野　球

発　　行　2025年4月　第1刷

監　　修　佐野慎輔

発行者／加藤裕樹
編　集／堀 創志郎　岩根佑吾
発行所／株式会社ポプラ社
〒141-8210　東京都品川区西五反田3-5-8
JR目黒MARCビル12階
ホームページ　www.poplar.co.jp
kodomottolab.poplar.co.jp
（こどもっとラボ）
印刷・製本／株式会社瞬報社

編集協力　株式会社ジャニス
文　山本尚央子　大野益弘
写　真　共同通信社
フォート・キシモト
デザイン　門司美恵子（チャダル108）
D T P　関口栄子（Studio Porto）
校　正　あかえんぴつ

ISBN978-4-591-18487-5 ／ N.D.C.783 ／ 63P ／ 24cm
Printed in Japan

あそびをもっと、
まなびをもっと。

こどもっとラボ

P7256001

6
SoftBank
462